子供のための英語
ビギナーズガイド

清水 万里子
Shimizu Mariko

English for Children

金星堂

まえがき

　「バイリンガル作りは耳作り！」この一言に尽きます。幼児期から英語環境を整えることで英語を聞き取り、聞き分ける能力を育てることが必ずできます。

　「子供をバイリンガル」にするための注意ポイントは「長期的な展望」です。まずは根気良く取り組むことが最も大切な点でしょう。親に忍耐と努力があるかないかで、子供を完璧なバイリンガルに育てることができるかできないかが決まります。

　しかしながら、日本の多くの親たちは完璧なバイリンガルではなく、セミバイリンガルで十分だと考えているでしょう。つまり、日本語母語の能力にプラス「英語」を使いこなせる能力を身に付けさせたいと思っていらっしゃるのではないでしょうか。日本語と英語が話せるだけで世界が広がり、視野も広がり、仕事の種類も増え、人生においてチャンスも多岐に渡ってきます。また、一人の人間としても幅のある魅力的な人になるでしょう。多くの教育学者たちも幼い頃から外国語に接していると人間形成面において良い影響が出ると言っています。私の周囲でも、英語を習っている子供たちには比較的積極的な面が見られますし、さらに自信がある態度で何事にも臨む姿勢が表れています。一言語のみで育つよりも二言語、三言語の環境でそれぞれの影響を受けながら育つ方がはるかに刺激が多いわけですから、人間形成面において多くの影響があるのかもしれません。

　普通の子育てにも言えることですが、英語子育ては家庭によって異なって当然と考えるべきでしょう。ステレオタイプの英語教育を

していても子供に必ずしも良い影響を与えるとは限りません。大切なのはその子供の興味・関心に合わせた英語子育てをすることを心がけることです。それにはやはり子供のことをよく知っている親の努力が子供に絶大な影響を及ぼします。

　日本のたいていのお母さんは英語をあまり得意としていません。でも子供には英語が話せる可能性を持たせてあげたいという熱心な方たちばかりです。私の友人にも看護師として昼夜問わず仕事に追われている人がいます。忙しいからあまり何もしてあげられないと嘆いていますが、子供の英語教育にはとても関心をもっています。他の習い事よりも将来英語が使えたら便利だし、仕事の選択も増えるという認識があるのだと思います。

　私は仕事柄、いろんな人から次のような相談をよく受けます。

〈一般のお母さんからの相談は…〉
　「○○○ビデオ教材って買ってもいいと思う？」
　「英語教室ってどこがいいの？　月謝のこともあるし…。」
　「インターナショナルスクールに入れたいけど…どこがいい？」
　「何歳からやればいいの？」
　「英語教室に通わせているけど少しも話せるようになっていないのよ。困ってる…」
　「児童英語教師になりたいけどどうしたらいい？」
　「小学校の英語って何をやってるの？」

〈子供の英語教材開発・販売会社からの相談は…〉
　「小学校用の教材の内容はどのようなものが適してるのか？」
　「乳児・幼児にはどのような教材が向いているのか？」
　「この外国の教材は日本向きにするにはどうしたらいいか？」
　「教材開発、アイデア開発に協力してほしい。」

「開発した教材を鑑定してほしい。」

など相談内容は様々です。最近では何が良いのか迷うのも当然です！　それだけ多くの情報に翻弄されてしまっているのでしょう。私は子供の英語教育に関わってから18年経ちますが、ここ最近の情報量の多さには驚くものがあります。多すぎる故に良いものを見極める目が必要になるのですが、子供の英語教育に精通した人でないと見極めるのはなかなか難しいでしょう。

　毎年あちこちの会社が次々と新しい教材を競い合うように出し続けています。このような現状は数年前から予測されていたことです。というのは、日本の英語教育事情を考える時、「子供の英語教育」は飽和状態であった英語教育ビジネスの最後の市場というべき分野になるからです。折りしも文部科学省が小学校の英語教育について指針を出しているので、2002年度から公立小学校での英語教育も本格的にスタートしています。現状では全国の50％ほどの小学校でどのような形であれ「国際理解教育・英語教育」に取り組んでいますが、数年後は全ての小学校で英語が教えられるようになるでしょう。インターネットの普及などにより、ボーダーレスになった国際社会において「幼い頃からの英語教育の必要性」を誰もが感じるようになったからだと思います。

　この本では、私自身の現在の立場を大いに利用した内容を書いています。常に「子供の英語教育」について新しい情報を手に入れることができるという恵まれた環境にいる私が、皆さんに一番良い情報を選択して提供したいと願ってやみません。皆さんの英語子育てに少しでもお役に立てれば幸甚です。

子供のための英語　　目次

まえがき　　1

　**早期英語教育をしたい理由**　9
　　　　「子供に英語を学ばせたい」と思うことは
　　　　とてもすばらしいことなのです

はじめに　　10
英語は何歳からでもスタートできる！　　13
早くから始めるといい理由って？　　13
クラッシック音楽は英語の聞き取りを良くする！　　14
一度身に付いた音は一生消えない　　15
日本語は英語より大切？　　16
米国カリフォルニアの英語教育　　18
日本における子供への英語教育は？　　19
子供が英語を学ぶ時は…　　20
子供の「心理的障害」を取り除く　　21
外国語教育は子供に多くの良い影響がある　　23
早期英語教育は知育教育ではない　　24

〈参考資料〉　早期英語教育に関する基礎的な考え方　　26

　**子供のための英語環境**　27
　　　　英語子育てをスタートさせるときの
　　　　具体的な方法を紹介します

子供のための英語環境をつくりましょう！　〜ご家庭で〜　　28
親ができる小学生へのきっかけづくりは…　　28
親ができる幼児（2〜6歳）へのきっかけづくりは…　　29

親ができる乳児（0～1歳）へのきっかけづくりは… 30
英語学習の習慣化 30
家に英語コーナーを設置 31
継続と繰り返し 32
ご家庭での具体的な活動方法 32
英語が得意ではない親の子供への英語教育は？ 36
英語子育ては悩むことが多い 38
海外体験をさせたい！ ～親子留学・ホームステイ～ 42
値段が高い！ 家庭用子供英語セット教材について 45

第3部 失敗しない英語教室の選び方 47
良い英語教室とダメな英語教室の違いとは？

子供英語教室の賢い選び方 1 48
子供英語教室の賢い選び方 2 50
インターナショナルスクールって？ 52
インターナショナルスクール入学を考える？ 53
一般の幼稚園・保育園でも英語と触れ合っている 57
バイリンガル教育は国際結婚カップルでも大変！ 57
どこまでがんばって取り組むべき？ 58
参考までに ～各家庭での英語子育ての事例を紹介～ 60

第4部 公立小学校での英語活動 63
本格的に始まった小学校での英語教育
果たしてその実態は？

小学校で英語を学ぶことができる！ 64
普通の小学校の英語活動を拝見 65
英語教育ではなく英語活動 74
総合的な学習の時間って何？ 75

小学校での英語活動には評価がない？　76
小学校は英会話スクールではない！　77
公立小学校では担任教師が英語を教える？　78
小学校の英語活動の具体的内容は？　81
小学校教師のための児童英語研修　84
英語教室へ通っている子といない子の差　85
公立小学校での英語活動への期待と展望　86

 子供のための英語教材　89
　　　たくさんあって迷ってしまう教材選び
　　　良い教材かダメな教材かを徹底評価

セット英語ビデオ教材について　90
単品英語ビデオ教材について　104
英語絵本、CD・カセット英語絵本について　109
　英語絵本　110
　CD・カセット英語絵本（単品物）　115
　CD・カセット英語絵本（シリーズ物）　117
英語歌CD・マザーグースCDについて　119
子供英語学習用CD-ROMについて　122
カードについて　127
　アルファベットカード　127
　ゲームカード・フォニックスカード　129
アメリカ・カナダのお母さん推薦の英語絵本など　132
　英語絵本＆CD付英語絵本　133
　英語歌CD・カセット　139
子供英語教材ショップリスト　141

あとがき　144

●コラム

　早期英語教育のメリット　　17
　シンガポールの英語教育　　21
　一般のお父さんの意見　　37
　一般のお母さんの意見　　59
　昔の英語教育を振り返って　　65
　ネイティブから見た小学校英語　　69
　小学校教師の立場から　　71
　大切なのは具体的な活動計画　　81
　授業の基本は英語力　　83
　一般のご夫婦の意見　　93

・本書で紹介した英語教材の価格は、原則として2003年4月15日時点での税別の本体価格です。その後予告なく変更になる場合もありますので、ご了承ください。

・日本国内で手に入る輸入教材については、販売元により価格が異なりますので、三善KIDS MART、紀伊国屋書店本店、丸善本店等の主要ショップの平均的な販売価格（2003年4月15日現在）を参考価格として表示しました。それぞれ価格の横に（参考）と記しております。

・P.132～140で取り上げた教材は、主にアメリカ国内で販売されているものですので、現地で設定されている定価（米ドル）で表示しました。

・なお、各教材の詳しい内容、購入方法については、P.141～143の「子供英語教材ショップリスト」に掲載した各販売会社、書店にお問い合わせください。

第1部

早期英語教育を
したい理由

「子供に英語を学ばせたい」と思うことは
とてもすばらしいことなのです

はじめに

　子供の習い事の一つに「英語」が定着してきたのは、約20年ほど前からです。学校以外で子供たちが習いに行くのは、ピアノ、そろばん、習字、スイミング、空手、柔道、野球、サッカー、剣道などがあります。そこに、英語が入ってきました。小学生の子供たちに「習い事、何してるの？」と尋ねると、ピアノ、スイミングに続き、英語という答えが返ってきました。今や子供たちにとって「英語」は普通の習い事になっています。英語に楽しく触れることができる環境が多くなってきたことはとてもうれしいことです。さらに2002年度から総合的な学習の時間ができたことで、「小学校での英語活動」が可能になりました。アルファベットを覚えて、読んだり書いたりするための技術的な勉強は必要ですが、それは早期英語教育のずっと後半部分のことになります。まずは、「聞くこと」。早期英語教育は、「聞くこと」だけと言っても過言ではないでしょう。

　早期英語教育はお母さん、お父さん、家族全体の協力がなければとうてい不可能です。お母さんが熱心に取り組んでいても、もし家族に反対されたらお母さんもやりにくいでしょう。家庭での英語に対する取り組み方しだいで子供たちに英語の耳ができるか否かが決まります。つまり英語環境を作ってあげられるかどうかという点が大切なのです。
　子供の幼い頃から英語のビデオを見せる、英語の歌を聞かせる、という努力を一生懸命に行なっているとします。途中で「こんなことで英語が話せるようになるのかな？」という疑問を持ったことはありませんか？　成果が目に見えないと不安になってしまうことはよくありますね。そんな時、心に留めておいて欲しいことは子供が

経験することは将来何らかの形で役に立つときが来るということ。もちろん虐待やいじめは省きます。公序良俗の範囲内で経験することとお考えください。では、私が経験した面白いエピソードを2つ紹介しましょう。

　私は以前、2歳〜3歳までの子供たちとお母さん、計5組の英語レッスンをしていました。2ヶ月間毎週1回ずつ、そして2ヶ月休みをとり、さらに2ヶ月続けて行いました。各レッスン約60分。途中おやつタイムを作って食べる時間も入れると90分ほどのレッスンになります。これを約1年間繰り返しました。英語レッスンのある2ヶ月間は各家庭で絵本と英語歌の10分間ほどのカセットテープを毎日聞いてもらいましたが、特に強制的に行なったわけではありません。

　そんなダラダラ英語教育をしていたのですが、写真の動物絵カードでカルタ取りをすることになりました。たたくことも子供たちにとって楽しいことなので、私はお母さんと一緒にハエたたきでパシ

ッと取ればいいと簡単に思っていました。私が「elephant」と言うと、一番年齢の幼い子が私の言ったカードをヨチヨチ歩いていってパシッと取りました。始めは偶然だと思いましたが、何度もするうちにこれは本当に理解しているということがわかったのです。するとお母さんが手をたたいて大喜び！「Eちゃん！すごーい！」それを見ていた他の子供たちも喜んで取り始めました。もちろん、メチャクチャにたたく子もいますが、子供たちの目を見ているとカードをしっかり探していました。

　もう一つは、お母さんから聞いた話ですが、Yちゃんが目の検査を受けに行った時、魚の絵が出ると「fish！」と言って周囲を大笑いさせたそうです。どうも反射的に英語が出てしまったようです。子供の心の中には英語がきちんと入っているんだと確認できる出来事だと思いませんか？

　子供がお母さんが作った英語環境の中で英語を経験することは決して無駄ではありません。子供は五感をフルに使って英語を習得していくと考えるといいでしょう。聞いて、見て、触って、嗅いで、味わっていきながら、お母さんと一緒に英語を感覚的に身につけていくことができるのが早期英語教育の良い点です。早期英語教育の良い点については理論的に説明もされていますから、この第一部でもう少し詳しく具体的にみてみましょう。

英語は何歳からでもスタートできる！

　結論を先に言えば「早ければ早いほどいい」です。早期英語教育というと硬いイメージがあって、ついつい真面目に考えてしまいがちですが、要は「英語の音とリズムを聞かせる！」ことが第一段階です。
　英語の音とリズムを聞かせるだけなら、0歳でも可能です。日本語で子守歌を歌ってあげるように英語の子守歌を歌ってあげましょう。お母さん自身も赤ちゃんと一緒に英語の歌をCDで聞くうちに覚えてしまいます。そして覚えた英語の歌を赤ちゃんに歌ってあげることがスタートになります。
　英語子育ては「英語の環境を子供に与えてあげること」です。昔と異なり現代の日本では、意識さえすれば、英語の環境を子供に与えてあげることは可能です。地道にコツコツと子供と一緒に英語を楽しむことが「英語環境作り」の一番大切なことです。
　極端なことを言うと、ヤル気さえあれば、40歳でも50歳でも英語習得は可能です。幼い頃からスタートするのと比較すると、時間が何百倍もかかってしまいますが…（笑）。

早くから始めるといい理由って？

　ピアニスト、バイオリニストなどのコンクールで賞を取るような音楽家たちは皆早い時期からスタートしています。このようなプロの音楽家たちの間では、小学校入学と同時に始めました、というのは遅いといいます。遅すぎるというわけではなく、「プロになるためのスタートが遅い」ということです。それはなぜでしょうか？
　私は30歳を超えてからピアノを弾くようになりましたが、1年間でバイエル程度はしっかり弾くことができるようになりました。と

りあえず練習すれば、弾けることは弾けるのです。でも当然のことですが、プロにはなれません。どうしてでしょうか？　才能がないからでしょうか？

私が何を言いたいのかそろそろ予想できるでしょう。「音感」の育成についてです。人間は1歳くらいまでに脳の中に「音の聴覚マップ」がほぼ完成するといわれています。それまでにピアノの音、バイオリンの音などを聞かせておくことで細かい音の違いを聞き取ることができるようになります。そして音楽的センスも生まれて一流の音楽家になることができるのです。私のように30歳を過ぎてからではこの「音の聴覚マップ」は育ちません。正確な音も聞き分けることができませんから、ピアノの微妙なタッチ差で生じる音を弾くこともできません。私にできることはただキーをたたくだけです。たたくと自然に音がでますから、十分弾けた気になっているのです。

幼い頃から英語を聞かせると良いのはこの「音の聴覚マップ」の完成していく過程において「音・リズム」として英語をインプットできるからです。日本語を話し始める以前の英語は「音」として認知されます。3歳まで英語を一生懸命「言葉」として教えても、話せるようにはなりません。子供たちは日本語を理解し始める時期に他言語としての英語も意味のある言葉として認知していきます。早くから始めると良いというのは、英語の音を聞き取る力の基礎を脳の中に作ることができるからなのです。正しい音を聞き取ることができれば、正しく音を発音できるようになります。

クラッシック音楽は英語の聞き取りを良くする！

脳についての話が出たところでついでにもう一つ、「音を認知する脳」について話しましょう。クラッシック音楽は胎教、情操教育

などの面でも使われており、ヒーリング効果などもある音楽です。このクラッシック音楽が英語の教育面でも効果があることがわかっています。音楽と英語というと別の物に思われるかもしれませんが、英語の音はオーケストラの音の周波数と近いものがあるのです。例えば、ピアノなどの弦楽器は英語の高い音、トロンボーンなどの管楽器は英語の低い音に非常に近いそうです。オーケストラはこれらの音を同時に聞くことができます。ということは脳の中にこの音の認識ができる回路が出来れば、英語の聞き取りが抜群に良くなるということです。

しかしながら、脳の中に英語の回路が作られていく過程において、途中で英語の学習をやめてしまうと、せっかく太くなりつつあった英語の音を認識する脳の中のシナプスが消滅してしまいます。このシナプスは一度太くなって完成すると一生消えません。ですからそれまでは英語学習を根気よく続けることがとても大切です。

一度身に付いた音は一生消えない

この点については、しばしば次のように例をあげて説明されることがあります。一つ目は、「自転車」です。あなたは自転車に乗れますか？　自転車は一度乗れるようになると一生乗り回すことができます。体でバランス感覚をつかんでいればもう大丈夫です。微妙なバランスで自由に自転車を乗りこなすことができます。もう一つは「ロケット」です。ロケットは軌道に乗るまではエンジンをフル回転させて上がっていきます。軌道に乗る前にエンジントラブルがあると、そのまま逆さまになって地球に落ちてしまいます。でも一旦軌道に乗ってしまえば、それから先はずっと落ちずに地球の周りをぐるぐると永遠に回り続けます。

これらの例のように英語の学習についても同じことが言えます。

つまり、途中でやめてしまうと脳のシナプスが消えてしまうという事態になり、また最初からやりなおしです。ただし、一旦認識する回路ができると一生消えません。その証拠に英語圏の幼稚園で数年過ごした日本人の子供が大人になって英語圏の大学で学ぶことになった時、周りのネイティブも驚くほど自然な発音の英語ができたという報告もあります。もちろん、本人の英語学習の努力は必要です。でも本気で英語を身に付けようと努力した時に、年少期に英語の音に触れておいたことが大きな手助けとなっているのです。遅くても9歳までに英語の音を聞かせておくことで、将来ネイティブに近い発音が可能であるといわれています。これを言語学者たちは「9歳の壁」と呼んでいます。

日本語は英語より大切？

育児書などを読んでいると、お母さんの悩みコーナーに「あまりに早期に英語を教えると日本語がゴチャゴチャにならないか心配し

ている」というような内容が目につきます。私は今だかつて早期に英語を始めて言語運用能力が劣ったという子供に出会ったことがありません。私に対して英語と日本語を混ぜて話す10歳位の子供（親は米国人父、日本人母）にアメリカで出会ったことがありましたが、話す言葉が言語障害のような状態で話しているわけではありませんでした。彼女は単語や表現を自分の言い易い言語を使っていただけでしょう。もちろん彼女は学校では英語だけで話していました。言語の使い分けができる年齢にもなっているので、私を見ると日本語でも話そうとしていたのだと思います。

では日本で英語教育を０歳から始めるとしましょう。生まれて来た赤ちゃんにとって周囲の刺激はすべて新しいものです。赤ちゃんは全身で五感をフル回転して全てのことを学んでいきますから「日本語の音の刺激」も「英語の音の刺激」も丸ごと吸収していきます。初めて犬を見て、お母さんが赤ちゃんに「ワンワン」と言うと、次回から赤ちゃんは犬を見て指差しながら「ワンワン」と言うのと同

早期英語教育のメリット

竹村和浩さん

日本人の英語の苦手、特に英会話の不得手の原因は「英語音の認知不足」に尽きると言っても過言ではないでしょう。早期英語教育は、日本語と周波数の異なる英語の音を「言語音」として認知するための音の回路、――英語を聞けて話せる音声回路――を脳に形成する点にあります。正確な音の習得こそが、早期英語教育の最大のメリットです。幼児期にいったん、この音の認知回路を作ってしまうと、一生ものであり、他の外国語を学ぶ助けにもなります。この英語学習の準備という視点から、幼児英語を捉えるべきでしょう。(TLL言語研究所代表)

じように、もしお母さんが「ワンワン」を「ドッグ」と言ったら、赤ちゃんは次回から犬を見ると「ドッグ」と言うでしょう。

　このようにまだ赤ちゃんには日本語と英語の区別が出来ていないので、初めて見たものに対して教えられた言葉を使います。日本語を認識するようになると、英語を外国語として認識するので英語だとこう言う、日本語だとこう言うという区別ができるようになります。ですから子供の言語運用能力には何の心配もいらないと言えます。

　私は、日本人としてのアイデンティティを持つ以上は日本語の習得が第一に大切なことであり、英語は第二言語として使えればいいと思っています。言語によるアイデンティティの確立も研究されているようです。私もこれは面白いことだと思いました。言語の影響で国民性が形成されることもあると考えると、日本人の国民性も日本語の語順、表現法などの影響がありそうだと納得できるところもあります。

米国カリフォルニアの英語教育

　数年前のことですが、米国カリフォルニア州ロサンジェルス市に１週間滞在し、あちこちの小学校を訪問したことがあります。多人種多民族があふれているロサンジェルスの小学校ではさぞやESL（English as a second language　第二言語としての英語）教育が進んでいるだろうと期待して訪れたのですが、まったく期待はずれに終わってしまったことがありました。ある小学校はまったくのヒスパニック（スペイン語を母語とする人々）の学校でした。授業の言語も全てスペイン語。ESLでは、使っていた英語教材は*Side by Side*（Longman）でした。学校の外は英語の世界ですから子供たちは小学校の授業で基礎学力をつけ、英語力は学校外で実践しながら覚え

ていくという状態でした。州が児童の学力低下についてかなり厳しく管理していたので、学校は移民の子供たちに学力がつかないのは英語が分からないのが原因だとして母語、即ちスペイン語で授業を行ないました。とりあえず学力を伸ばそうとするところもあったようです。これに保護者たちは困惑してしまいました。米国に住む以上、英語が出来ないと良い仕事にもつけないので保護者たちは英語で授業をして、英語力を伸ばしながら学力も伸ばしてほしいと訴えていました。これって英語漬けの教育（イマージョン教育と呼びます。参考資料P.26参照）をしてくださいと頼んでいるようなものですね。

ただ、ロサンジェルス市の別の学校では母語も大切にしながら英語教育を行なっているとのことでした。このように、英語教育の方法は米国でも試行錯誤しているのかもしれません。

日本における子供への英語教育は？

英語教育は早期「知育」教育とは別のものと考えるべきです。残

念ながら最近では早期教育は悪影響ばかりで子供にはよくないと言われることも多いようです。でもそれは「やりすぎ」「偏りすぎ」から来るものであって、きちんと順をふんで行なえば良い結果は得られるはずだと思います。

日本での英語教育はただ聞かせるだけではなく、システマティックに言語を組み立てていかなければなりませんが、小学生のうちは英語の音、リズム、丸ごとフレーズを覚えることが最も大切な学習です。中学生、高校生になってだんだん理屈も含め、英会話のトレーニングを地道に行ない、「英会話」のできる大人へと育つことを願いたいと思います。

早くから英語を学び始めても、子供の発達段階途中の出来事で日本語英語になってしまう時期がありますが、そこはジッと我慢してください。その後に起こりうる英語で自己表現したいと思う力が生まれたとき、幼い頃から英語を学んできた成果が発揮されることでしょう。ぜひとも長い目で子供への英語教育に取り組まれることを望んでいます。

子供が英語を学ぶ時は…

誰もが経験したことがあるでしょうが、私は何かをする時、失敗したらどうしよう…といつも心配しています。そして、極度の緊張状態になり頭の中が真っ白で何もできなくなって、結局失敗…そして「あ〜どうしよう…。こんなことならもう二度とやりたくない。」と思ってしまいがちです。強制的に失敗を許されない状態になると人間は極度に緊張します。この緊張が失敗を招くのです。さらにこのような心理的緊張状態が続いている間は、誰が何を言っても、どんなアドバイスも耳に入って来ません。でも、もし、失敗してもいいんだ、何度もやりなおせるんだ、笑って済ませることもできるん

だと思えば、意外と気軽に取り組めるものです。

　子供が英語を学ぶ時にまず第一に必要なことは子供の「心理的障害」を取り払ってあげることです。常にリラックスした状態で英語を使う状況を作ってあげましょう。そうすることで、自然に耳から英語が体に入っていきます。このことを言語学的には「情意フィルターを低くする。」といっています（情意フィルターとは心理的障害を意味します）。1980年代に、アメリカの応用言語学者、スティーブン・クラッシェンとトレイシー・テレルが提唱した英語教授法「ナチュラルアプローチ」の中でこの考えが述べられています。彼らの理論は英語を第二言語として学ぶ時に有効な方法として、アメリカ国内で英語を学ぶ子供たち、世界中で英語を学ぶ子供たちに使われています。少し専門的になりますが、興味のある方はP.26の参考資料をお読みください。

子供の「心理的障害」を取り除く

　海外留学すると必然的に英語を話す社会にポ〜ンとほうり込まれ

シンガポールの英語教育

高橋美由紀さん

シンガポールでは、小学校から母語と道徳以外の科目は英語で授業を行います。そのため英語は早期から「読む・話す・書く・聴く」の4技能のみならず、語彙やフォニックス、文法まで徹底的に教育されます。幼稚園では歌やゲーム、Storytelling、文字遊び等、楽しい内容ですが、小学校からは一変して学習の色が濃くなり、子供達は必死に勉強します。小学校4・6年に国家統一テストがあり、将来の進路が決定されることもその一因となっています。（中部学院大学助教授）

ます。当然のことですが、留学してまもなくは英語が流暢に話せません。ですから、あまり英語を話そうとはしません。でも、生活していく上や、勉強していく上で、英語を話さなくてはならない状況になったらどうでしょうか。話の「内容」を伝えるために一生懸命英語を話すでしょう。英語が上手い、下手ということと関係なく、とにかく伝えようとします。自分の言いたいことを正確に相手に伝えようとすることで、新しい言葉を使ったり、相手の言うことをよく聞こうと必死になります。つまり、無意識に間違いを全く恐れていないレベルまで達していることになります。伝えたいことがあることが必死さを生み出すと言えるでしょう。

　子供が英語を学ぶ時にゲーム活動を利用するのはこのためです。伝えたい内容があるために子供は知らず知らずのうちにゲーム活動にのめり込んでゲームに勝とうと必死になります。ゲームをする上で英語を使わなければならない状況になっても、無意識に間違いを全く恐れていないレベルまで達しているため、抵抗なく英語を使おうとします。無理やりにいきなり、英語を話させようとしても緊張して黙り込むのが普通でしょう。

　家庭で親子一緒に英語のカルタ取りゲームを楽しんだり、CD-ROMのゲームを楽しんだりすると英語はごく自然に子供の周りに存在することになります。このようなことを繰り返していくうちに英語の表現を丸ごと覚えたり、単語も理解していくのです。例えば、家族で英語カルタを楽しんだ翌日に町に買い物に出かけたら、子供はカルタカードにあった言葉が目に付くでしょう。子供の生活の中で英語が何度もリピートされて習得へとつながっていきます。

　子供たちとゲームをやっていくうちにそのゲームが本来のルールから外れていくようなことがあります。これは子供たち自身が楽しんで行なっていくうちに新しいゲームを開発していくからです。こ

のように子供はゲームを創る天才的な才能をもっています。別の言葉で言うならば、このことは子供たちが自分の頭で考えている証拠と言えるのではないでしょうか。心理的障害も無くなって、ゲームを自ら構成して創り出し楽しむことができるようになったときこそ、英語の理解もどんどん進んでいきます。心理学者のジャン・ピアジェも「子供があるものを理解するためには、自らそれを構成せねばならない、再発明しなければならない。」と述べています。

外国語教育は子供に多くの良い影響がある

英語に限らず外国語を学んでいる子供たちに共通して面白い傾向があります。英語教室に通い始めた子供たちが何に対しても「積極的」になったというお母さん方の話、また、英語教室の先生自身もレッスンを重ねるうちに子供の態度の変化に気が付きます。積極的になるということは前向きな学習態度が身に付いていることになります。これは子供が成長する上でも大切な要素です。児童期における外国語学習は以下のような効果があると述べられています。

1. 人間愛と友情を育てる。
2. 異質な環境や行動、思考様式への適応性を高める。
3. 他の民族の思考性、文化、社会制度について考える鍵を与える。
4. 人間精神と言語そのものへの洞察力をつける。
5. 国家や民族の相互依存度がますます高くなる世界に備えさせる。
6. 学習過程や創造的な研究、批判的思考に不可欠な技能と習慣を養う。
7. 外国の言語、価値、習慣、伝統に対する感受性を高め、理解を深める。
8. 学習者の個人的な価値と市民としての責任感を発見し、省察させる。

> 9. 国家の多くの価値への洞察と、世界における国家の責任を認識させる。
> 10. 多くの職業上の昇進に役立つ。
>
> （米国NY州 Modern Languages for Communication 1987）
> 『児童外国語教育ハンドブック』 H. カーテン、C. A. B. ペソーラ著、伊藤克敏訳、大修館書店、1999より引用

つまり、「子供が英語を学ぶ」ということは言語の習得だけを目標にはしておらず、特に幼い頃からの英語（外国語）学習は人間教育的な面に良い影響があるということです。こうやって改めて見直してみると、小学校教育で身に付けなければならない大切な要素が多いことに気が付きます。小学校で児童期に英語を学ぶという意味は、英会話教室のように英語運用能力をトレーニングする教育とは大きく異なると言えるでしょう。これらの効果も期待しながら、英語の能力も身に付けていけるように、教える側の教師、英語環境を整える親も努力しなければいけないのではないでしょうか。

早期英語教育は知育教育ではない

早期「知育」教育の目的と早期「英語」教育の目的は基本的にまったく異なっています。早期教育を行ったからといって知能の高い子供になるとは限りません。またこの知能が高いという基準も曖昧です。例えば3歳児なのに5歳児の知識があることは知能が高いと言っているようですが、果たして年齢より知識があれば知能指数が高いと判断してよいのでしょうか？ 早期教育はもともと知的障害、脳性マヒなどで脳の機能が普通児よりも少ない子供用に開発されたプログラムです。残された脳の部分を最大限に活用できるようにその部分を動かすプログラムが本来の姿です。それがいつしか天

才児を目指す早期教育に変化していったようです。

　私の友人が面白いことを言っていました。彼女の子供は身体がとても小さく、4歳児なのですが2歳児のように見えます。その子がスイミングスクールで泳いでいると、他のお母さんから「すごいねー、あんなに小さいのに上手に泳げるんだー。すごい！」とすごく感心されたといいます。私の友人が「うちの子、4歳だからね。」と言うと、他のお母さんは「えっ？そうなの。だったら当たり前ね〜。」と大笑いしたそうです。2歳だったら「すごいこと」、4歳だったら「当たり前」。これは単に親の意識の持ち方だけだと思いませんか？

　自分の子供の可能性を伸ばしたいという親の気持ちもわからないではありませんが、セールストークに惑わされ高価な子供用英語教材を購入し、ひたすら英語力をつけさせようとして、子供に負担を強いているケースも決して少なくありません。日本で生まれ育つ子供たちにとって英語能力よりも日本語能力が上回るのは当然です。また、完璧なバイリンガルを目指す必要もどこにもありません。自分の言いたいことを英語という道具を使って表現する能力が備わること、表現する英語が分からなければそれを調べる能力が備わることが大切なのではないでしょうか。

　日本における早期英語教育は「英語の音とリズムを習得すること」だけです。ペラペラと英語を幼い頃から話すことを目的とはしていません。結果だけをあせって「やりすぎ」「偏りすぎ」の早期英語教育には私も反対です。そんなに早く英語は習得できないことをしっかり理解しましょう。幼いうちは遊び感覚で行ないながら、子供に英語学習を無理強いしないように心がけると良いと思います。期待に応えようと親の機嫌ばかりうかがう子供になってしまっては本末転倒です。

〈参考資料〉早期英語教育に関する基礎的な考え方

　早期英語教育には、さまざまな教授法、理論が活用されています。ここでは、本書で言及した基礎的な考え方について簡単にまとめてみました。最近ではこのような用語が、各種教材や英語教室の広告に取り上げられている場合もありますので、参考にしてください。

「イマージョン教育」

　第2言語を効果的に教えるためにカナダで考案された教授法。イマージョン（immersion）とは「浸すこと」を意味する言葉で、学習者を第2言語（外国語）に「浸す」方法です。教師は母国語を使わずに、その外国語のみで各教科を生徒に教えます。この方法に従うと、授業中に日本語は一切使われませんので、まさに英語だけの世界に浸れます。小学校低学年からシャワーのように英語の音を浴びれば、ネイティブの発音を身に付けることもできると述べた学者もいます。

「全身反応教授法」

　アメリカの心理学者ジェームズ・アッシャーが提唱した教授法。一般にこの全身反応教授法（Total Physical Response）は、頭文字をとってTPRと呼んでいます。早期英語教育に最も適した考え方で、言語の習得には、リスニングと身体の反応が発話よりも先に来るべきだと言われています。言うまでもなく子供たちは身体を動かすことを好みますので、聞いた内容に身体の動作で反応するようにすれば、子供たちはリラックスした状態で学習を楽しむことができます。

「ナチュラルアプローチ」

　アメリカの応用言語学者、スティーブン・クラッシェンが提唱した教授法。文法を教えない、誤りも訂正しない、そして発話も強制しないことで、子供の心理的障害を低くし、自然に言語の習得が進むことを述べています。この理論によると、心理的障害（専門的には、情意フィルターと呼んでいます）が低い低学年のうちに外国語教育を始めたほうが良いと言えます。またクラッシェンは、教師の役割にも言及し、子供に理解できる内容のインプットと、心理的障害を低くすることの2点が重要であると言っています。

第2部 子供のための英語環境

英語子育てをスタートさせるときの
具体的な方法を紹介します

子供のための英語環境をつくりましょう！　〜ご家庭で〜

　まずはじめに子供の様子を観察しましょう。子供は好奇心旺盛で片時もじっとしていることなんてありません。常に新しいものに刺激を受けながら毎日成長し続けています。英語学習はそんな子供たちの日常生活に「英語の刺激」を少しずつ与えてあげよう、という気持ちでスタートするとよいでしょう。ではどのように始めればいいのか具体的にお話ししましょう。

> 第一段階：「さぁ英語の世界へ出発だぁ！」
> 英語学習のきっかけはいろいろな方法で作ることができます。
> 身近なところから始めてみましょう。

親ができる小学生へのきっかけづくりは…

① 　子供がどこかで英語の刺激を受けてきて、「お母さん、ぼく英語を習いたい！」と言ってくれれば親はとてもラッキーですね。子供の意思を尊重して英語の世界へ簡単に入れます。親として

の選択は、英語教室へ通わせる、英語教材をそろえる、などがあります。

② 親が作るきっかけは子供へごく自然に働きかける方法がいいでしょう。例えば、「今日ね、お父さんが面白い物を買ってきたよ。」と言って、英語のビデオ、英語で遊ぶCD-ROMゲームなどを親子一緒に楽しむといいでしょう。また、英語の絵カードやアルファベットカードなどで家族一緒にカルタ取りゲームをするといいですね。

③ 機会があれば海外からの留学生をホームステイとして受け入れたり、英語圏への親子留学も一つの手段です。

親ができる幼児（2～6歳）へのきっかけづくりは…

① きれいな絵の絵本を用意しましょう。「何が書いてあるのか知りたい！」という気持ちを子供に持たせるように、まずは描いてある絵を内容を想像しながらゆっくりと楽しみましょう。「お母さん、読んで！」ときたらしめたもの。簡単な英語の文ならお母さんが読んであげましょう。お母さんが英語を読めない時は、一緒にCD・カセットテープを聞いて絵本を楽しみましょう。

② キャラクターの英語ビデオを見せてあげましょう。例えば、アンパンマン、ドラえもん、ディズニーなどです。キャラクターを切り口に英語学習のきっかけ作りとしてビデオを見せるのであれば、多少の日本語が入っていてもいいでしょう。

③ 英語の歌を聞かせてあげましょう。特に日本語でもよく知られているものの英語歌は子供の耳になじみやすく、「あっ！この歌知ってる！」と子供の興味をひくことができますね。例えば「メリーさんの羊」「ロンドン橋」「きらきら星」などです。

親ができる乳児（0～1歳）へのきっかけづくりは…

① マザーグースなどの子守歌を聞かせてあげることから始めましょう。赤ちゃんの脳は刺激を吸収するためにあるようなものです。たっぷり英語の音やリズムを聞かせましょう。
② 赤ちゃんには触って確かめる習性があります。赤ちゃんが触って英語の音が出る知育玩具を与えてあげましょう。
③ 色鮮やかな一つ一つの絵が大きい英語絵本を見せてあげましょう。英語で読んであげたり、カセットテープを聞かせてあげてもいいですよ。赤ちゃんはしっかり絵本を見ていますから。

第二段階：「英語の刺激をたくさん与えよう！」

英語を話し始めるためには莫大な量の英語的刺激が必要です。子供が英語圏に住んで毎日が英語環境の場合でも、話し始める前のインプットする時間は最低3ヶ月～6ヶ月かかるといわれています。日本でバイリンガルに育てようと思うとやはり英語を聞く時間を増やさなくてはなりません。そして英語学習を長く続けることも頭に入れておきましょう。

英語学習の習慣化

毎日少しずつ英語を取り入れるコツは、子供の日常生活の中に習慣づけることです。シャワーのように英語を浴びることが大切です。毎日15分でもいいのです。

→朝ごはんを食べながら英語の歌を聞く。
→歯みがきをしながら英語を聞く。
→寝る前に英語の絵本のテープを聞く。

などです。お母さん方がよく行なう方法に「車の中で英語の歌などのCD・カセットを聞く」があります。この方法なら子供たちも親も一緒に楽しみながら英語を聞くことができますね。

家に英語コーナーを設置

　家の中に英語コーナーをつくってあげましょう。子供がその英語コーナーで遊べるような環境を整えることです。英語の絵本、テープ、ABCの表、CD-ROM教材、文字に興味を持ち始めたらアルファベットの色ぬりノートを用意したり、友達と英語カルタゲームをできるようにしてあげるとよいですね。壁に目立つように世界地図やアルファベットを書いた紙を貼っておくと英語コーナーらしくなりますよ。

継続と繰り返し

　早期から英語学習をスタートする良い点は子供が長い期間英語に触れられるということです。その中で「繰り返し学習」がとても大切です。例えば小学一年生から始めたとしましょう。毎年四月には、Hello. How are you? What's your name? などのフレーズを学びますが、これと同じようなことを家庭でもすると良いでしょう。家庭での英語の繰り返しというと、英語ビデオを何度も見る、絵本を何度も読む、ゲームを何度も楽しむというようなことです。子供は繰り返しを好みますから、そのたびに楽しく学習します。

ご家庭での具体的な活動方法

　意識さえすれば、家庭のあらゆる場面で親子一緒に英語で楽しむことができます。では簡単に具体例を紹介しましょう。

①英語を食べる！
　おやつの時間などにチラシの裏にアルファベットを書いておきます。その上にお菓子を並べて、１つの文字を完成させてから、「いっただきまぁす！」と言って食べます。アルファベットだけでなく、**dog, cat, house, cap, pen,** など身近な物を絵に描き、お菓子をのせても楽しいですね。

②英語を触る！
　英語知育玩具を利用しましょう。触ると英語の音が出るおもちゃ、幼児には触ると音が出る絵本がいいでしょう。また、チラシを利用して、英語が書いてある部分をハサミで切りとったり、色別・アルファベット別に集めることも楽しいですね。

③英語で動く！

パパに協力してもらって動作すると楽しいですね。段ボール箱を用意してその中に子供が入ります。パパは段ボール箱を車や電車などの乗り物に例えて、子供が「Let's go!」と言うと出発、「Stop!」と言うと止まるように促します。

④英語を描く！

お絵かきの要領で英語のアルファベットの色塗りをする、アルファベットだけを使って絵を作る、ハロウィーン、クリスマスなどの文化的なにおいのする絵を描いてもいいですね。

⑤英語で作る！

―食べ物をつくる―

マシュマロとチョコで作るスモアと呼ばれる欧米の人気のお菓子を作って、Yummy!（おいしい！）といいながら食べましょう。

―教材を作る―

手作り教材を一緒に作ってみましょう。例えば、絵カード、アルファベットカード、紙芝居、壁に飾るチャート、オリジナル絵本、クリスマスカード、バースディカードなど、子供の描くデザインはかわいくて、ずっととっておくと良い思い出にもなります。

⑥英語で遊ぶ！

―歌で遊ぶ―

歌遊び、手遊びで子供と一緒に楽しみましょう。英語の歌には振り付けが楽しいものがたくさんあります。ぜひお母さんが覚えて何度も使ってあげてください。

・Eency Weency Spider

　一匹のクモが雨どいを上っていく。突然の雨で押し流されて地面にすべり落ちてくる。懲りずにクモは再び雨どいを上っていく歌です。座って指と腕でできる簡単な振り付けです。

・Head Shoulders Knees and Toes

ご存知、頭肩ヒザつま先の歌です。体全体を使って、手でその部分を触っていくというものです。だんだん速度が速くなるので子供たちに人気のある振り付けです。

- Ring a Ring O'roses
  みんなで輪になって手をつないで左右に歩きます。歌の最後でゴロンと床に寝ます。単純な動きですが、幼児に人気があります。

- Where's Mr. Thumb?
  「親指さんはどこ？」という有名な手遊び歌です。指だけで楽しくできるので簡単です。

- Seven Steps
  数字の1〜7までを数える歌です。輪になって左右に7歩、数えながら進みます。最後に7回手をたたくという動作です。

- Sally go round the sun
  曜日などをリズムで歌いながら、sun, moonと設定してある対象物をグルグルと回る歌です。

- The Hokey-Pokey
  この歌は幼い頃から聞かせておきたい一曲。大人になってもこのメロディで外国の人々と楽しく交流できます。手や足を前に出したり、グルグルと体を回転させたりするものです。

などです。子供たちが大好きな曲ばかりです。
—お風呂で遊ぶ—
曇った鏡やガラスに英語を書いてみましょう。お風呂で湯船に首までつかってone, two, three, four, five, . . . , ten! と数えてもいいですね。

第三段階：「異文化に触れる機会をつくってあげよう！」

「英語はコミュニケーションの手段」ということを念頭に置きましょう。積極的に外国人と交流をもつことをおすすめします。どこの国の人であっても英語を使ってコミュニケーションが可能です。英語が片言であっても、日本語やジェスチャーが混じっても、意思が通じた時の喜びは大きいはず。そのような機会を子供たちに与えてあげてください。

→市町村の国際交流団体に属して交流機会を作る。
→外国人留学生のホームステイを受け入れる。
→地域の主宰するイベントに参加する。
→英語子育てサークルになどのイベントに参加する。
→大手書店・出版社の主催する英語のイベントに参加する。
→英語教室の主宰する外国人と触れ合うイベントに参加する。
→日本国内の英語キャンプに参加する。
→英語学習を目的とする親子留学をする。
→海外キャンプ・ホームステイに参加する。
→インターネットでEメール交流、Eメール友達をつくる。

など身近なところから異文化に触れる機会を作ってあげましょう。

英語が得意ではない親の子供への英語教育は？

　英語がまったく苦手な親はどのように子供の英語教育に関わったらよいのかとよく質問されます。お父さん、お母さんのどちらかが英語に堪能な家庭なら、家庭で子供に英語で話しかけることが可能です。このような家庭なら必然的に子供は英語に触れる機会が多いので知っている語彙、文もどんどん増えていきます。でも日本のたいていの家庭はそうではありません。英語の得意ではない親が多いのが普通です。

　私はこのような家庭には次のように取り組んでいかれるとよいと思います。

① 子供と一緒に英語を楽しく学ぶ姿勢を持って欲しいと思います。親子で一緒に英語を楽しく学んでいくと、同じ発見、同じ目標を得易いのではないでしょうか。
② 親の発音はネイティブの発音とは異なります。この点を補うために、CD、テープ、ビデオ、テレビ、インターネットなどを利用してネイティブの発音を聞かせて子供の英語を聞き取る耳を養いましょう。
③ 英語の歌は何度も聞くうちに親も簡単に覚えられます。ぜひ英語の歌を一緒に歌って楽しみましょう。
④ 親の根気が子供の根気！　三日坊主にならないように長期的な英語教育をしてください。
⑤ 民間の英語教室に通っている

のなら、お任せ状態にせず、必ず家庭でもその日習った内容の復習や、毎週出されている宿題テープを聞くという毎日の積み重ねを続けてください。その際は「どこまで覚えたのかな？」というような確かめる行動はやめた方が良いでしょう。成果のチェックは英語教室の先生に任せて、家庭では子供から話した成果に対して「とにかくほめる」ことを心がけてください。例えば子供から、「ねぇねぇ、今日ねー、I'm thirsty.って覚えたよ。」と言われたときに、「すごいねー、もう覚えちゃったの？すごいねー。」という具合に。

ちょっと面白いエピソードを紹介しましょう。以前、子供の英語教育に熱心な親の集まる講演会に出席したことがありましたが、講演会の最後に、ある親が心配そうに質問をしていました。その質問は「英語のテープの音を聞かせるのは子供にはあまりよくないのではないか」という内容でした。つまり、テープの英語の音は生の音

一般のお父さんの意見

曽我　聡さん（子供2人）

英語はコミュニケーションの道具として使うものだと思います。私は仕事上英語が必要ですが流暢には話せません。しかし出張時には英語を使って取引をします。子供に英語を習わせているのは「将来必ず役に立つ！」と確信できるからです。さらに英語を習うことで人間の幅を広げ、高校留学等を体験し、異文化理解を深めて欲しいと思っています。過度の期待はしていませんが、外国人の前でも緊張せず、自分の気持ちを堂々と表現できる人間になることを望んでいます。(41歳、会社員)

ではないから子供の脳にはあまりよい影響は与えないのではという心配をしていました。その時の講演者は「テープなどの教材は英語の正しい発音の音を入れているので、きちんとした英語の音が耳に入ります。人間が直接話す言葉というのは人それぞれに話し方のクセがありますし、英語を話すのはネイティブだけではありませんから。」と答えていました。私はこの質問を聞いて大変面白いと感じました。この質問をしたお母さんは英語教育＝早期教育（知育教育）と考えていたのだと思います。私もオーケストラなどの楽器の生の音は子供の脳の発達によい影響を与えるらしいということをどこかで聞いたことがあります。音楽もCDなどで聞かせるより、コンサートへ行って生演奏を聞かせるほうが子供の脳には良いという話です。英語の音を言語ではなく、音として考えるとこのお母さんの心配も理解できます。でも前にも述べたように、英語教育は早期教育（知育教育）ではありません。もしこのような心配をなさる方がいたら、まったく別のことだと考えていただきたいと思います。親は子供の教育には熱心になりすぎていろんな心配をするものです。

英語子育ては悩むことが多い

　よくあることですが、「英語嫌いだ〜！やりたくない！」と言うときがあります。英語学習の途中で、こんな風に主張し始めたらまず理由を尋ねてください。たまたまその時の単なるワガママでやりたくないのかもしれません。その場合は人間教育的な面（続けること、我慢すること、乗り越えること）などを成長をさせるためにも英語学習は続けたほうがいいと思います。また、「英語嫌いだ〜！やりたくない！」と言った時に、子供の状況をちょっと観察してみるとよいでしょう。子供がその時に何か他の事をしたいと思っているのかもしれません。単なるワガママならしばらく続けると再び楽

しんで英語を学習するようになります。

　家庭で英語学習を始めてすぐに「英語嫌いだ～！やりたくない！」と言われたら親としてはガックリきますよね。でも逆に言えば、これが親にとってとても良いサインなのです。ここで親は「自分の英語の教育方法」について一度考えることができるからです。英語教育に熱心になるうちに知らず知らず強制的になってしまっていることがあります。

　もし精神的にもううんざりだと思っている場合や何か他に重大な理由、例えば他の習い事が多すぎて英語学習が子供に負担になっている場合があります。そういう時はきっぱりと英語から離れましょう。子供は口ではうまく理由を表現できないでしょうから、どういう理由なのかということを親が察知することも必要となるでしょう。英語学習は長い目でみることが大切です。一年、二年英語から離れていても大したことはありません。続けてやらないと英語の力が落ちるという脅迫めいた言葉を英語教室の先生からもらっていたらそれは無視しましょう。続けてやる子に比べて続けてやらない子は差が出るのは当たり前です。英語学習は競争ではありませんから、個人の学習スピードで学んでいけばよいことです。これはまさしく普通の学習についても同じことが言えるのではないでしょうか。他の子供と比較するから焦りも出てしまう…親はど～んと構えて気楽に英語子育てに取り組むとよいと思います。英語の習得には近道はありません。地道な努力のみです。私の英語教室にもいろんな子が通っていますが、ここで私が経験した例を2つ挙げてみます。

事例1：K君の場合

　現在14歳のK君がうちの英語教室にやってきたのはちょうど彼が4歳の時でした。小学1年のお兄ちゃんが英語をやりたいと言って

入校したのをきっかけにK君がくっついてきたのです。お母さんも兄弟で教室にほうり込んだって感じで、K君はお兄ちゃんのおまけとして英語をスタートしました。

　ほぼ1年間はお兄ちゃんにくっついてレッスンに参加していました。といっても気の向いた時に参加するという気まぐれな天使で、まぁ1時間好きなことをして遊んでいたんです。私としてもメインのレッスンは小学1年のお兄ちゃんたち。ですから、K君が教室のどこにいようと気にしていませんでした。

　そんな調子で1年が過ぎ、お兄ちゃんの進み具合もアップしてきたのでK君は別のクラスでレッスンをすることにしました。するとK君、得意になって知っている英単語を説明しはじめました。私としては教えたつもりはなかったのに、どんどんお友達に説明しているのです。中でも驚いたのは「腹減ったはI'm hungry.って言うんだぞ。」と言った時。あれ、私そんなこと言ったのかな？　とよぉく考えてみると、お兄ちゃんに渡していた宿題テープをK君自身も興味をもって聞いていたらしいのです。

　彼はレッスン中も棚に上ったり（上から見下ろすのが好きらしい）、とにかくジッとしていることが苦手。でも耳はしっかり英語をとらえていた！　このことは私自身の考えも大きく変える出来事でした。子供は元来ジッとしていることはできない生き物。K君がお友達に英語を説明していたのは「ぼくは知ってる。」という自信の表れです。もちろん彼の英語に対する気持ちは前向きであることは言うまでもありません。

　それからのK君はいつでもどこでも英語に興味を示し、お風呂に入っている時、曇ったガラスにアルファベットを書いて楽しんでいたそうです。現在14歳のK君は学校でも英語だけは頭に入りやすいと言っています。テストの成績も良いので今のところ私も一安心し

ています。K君の例は「無理なく英語が好きになった」例と言えますね。お兄ちゃんと1年間に楽しんで覚えた英語が、次の年に自信をもてる道具になったのだと思います。

事例2：T君の場合

　T君は生まれつき少しだけ障害をもっています。そんな彼がうちの英語教室にやってきたのは小学1年生の時でした。空中をじいっと見つめていたり、突然パニックに陥って、自分自身の頭や顔をたたいたり、わけの分からないことを口走って奇声をあげ、ジッとしていられない子供でした。彼は3年生までの3年間英語教室に来ていました。そんな彼がなぜ英語教室にやってきたのか。ちゃんと訳があったのです。

　私は保育園で年10回ほどの英語レッスンを行っています。彼がまだ保育園の年長児クラスにいるときもレッスンをしていました。英語レッスン日に機嫌がよければT君は英語のレッスンに参加していたのです。

　でも彼と一緒の時間を過ごしたのは数回でした。英語を覚えるというよりもお友達と一緒にいる時間を大切にするという保育園の方針があったからです。

　家に帰るとT君は英語を習ったことをお母さんに伝え、何を習ったのか細かく話したようです。英語らしい発音をするのでお母さんはT君を英語教室に通わせようと考えはじめました。英語をキッカケとして、他の事でも自信をもてるようにさせたかったからです。また、私も保育園で数回彼とレッスンしただけですが、K君が英語をキッカケとして伸びていってくれることを望んでいました。

　最初にも書きましたが、彼は少し障害をもっています。彼のレッスン態度などのコントロールに関して、私自身もあまり自信がなか

ったのですが、とりあえずやってみよう、という形で英語レッスンをスタートしました。

　私はクラスの他の子供たちにはＴ君の障害については何も説明しませんでした。さて、レッスンスタートです。Ｔ君は英語を丸覚えします。それも大量に多くの英語を一度で覚えてしまうのです。このような特殊な能力が彼にはあるようです。ですからカルタ取りゲームでも大変優秀でした。

　そのようなＴ君の姿は他の子供たちに「Ｔ君ってすごい！」という印象を与えました。Ｔ君はそれがうれしかったみたいで、彼の機嫌の良いときにはどんどん新しいことを覚えてくれました。水を得た魚のように家でも学校でも覚えた英語を使おうとする態度が現れていました。

　残念ながらＴ君は３年生で英語教室を去りましたが、彼にとって英語は楽しかったものという記憶が残ったようです。

　普通に日本に住む子供たちへの児童英語教育は「英語を話す」ための入り口です。ぜひとも長い目で見てあげてください。

海外体験をさせたい！　～親子留学・ホームステイ～

　30代のお母さんを中心に子連れで海外留学する人が増えています。彼女たちの中にはインターネットのホームページで親子留学の様子を発信している人も多くいます。現在は親子留学プログラムを商品にしている旅行代理店や専門の留学斡旋会社もあります。本当に手軽に親子留学ができる時代となりました。いくつか代理店を紹介しましょう。すべてインターネットで申し込みが可能な会社です。

日本にある会社

アオテア　インターナショナル　「地球ジグザグ留学プラン」
http://www.aotea.co.jp/main.html
〒550-0013　大阪市西区新町1-7-5　マッセ四ツ橋ビル5号館4F
電話：06-6538-6877　FAX：06-6538-6833

アルク留学クラブ　「親子海外体験プログラム」
http://www.alc.co.jp/kid/index.html
〒168-8611　東京都杉並区永福2-54-12
電話：03-3323-5511　FAX：03-3323-6413

STA（エスティーエー）　TRAVEL　「STEPキッズ＆ジュニアプログラム」
http://www.statravel.co.jp/step/index.htm
〒171-0022　東京都豊島区南池袋1-16-20　ぬかりやビル7F
電話：03-5391-2922　FAX:03-5392-2273

日本留学情報協会　お茶の水留学センター「バケーションコース　親子留学」
http://www1.odn.ne.jp/nta/index.htm
〒101-0062　東京都千代田区神田駿河台2-2-2　キントービル5F
電話：03-3518-0330　FAX：03-3518-0360

海外にある会社

アメリカ：Aska総合渡米サポートセンター　「親子留学」
http://www.askausa.com/oyako.html
3992 Emerald St, 143 Torrance, California 90503 U.S.A

ニュージーランド：カカリキ留学サービス　「親子留学プログラム」
http://www.charterfishing.co.nz/kws0101.html
6 Dennis St., Gisborne, New Zealand
電話・FAX：64-6-868-7284

各会社によって期間も値段もさまざまです。自分の目的にあったプログラムを選んで、じっくり計画を練って参加するとよいでしょう。子供たちが現地の幼稚園や小学校に通うという内容なら良いと思います。

　私の友人がニュージーランドへ親子留学しました。6年生の男の子と4年生の女の子が一緒です。子供の留学体験を重視した親子留学で、子供たちは現地の小学校に2週間入学しました。その時お兄ちゃんがニュージーランドの子供たちと仲良くなったきっかけは何だと思いますか？　お兄ちゃんは「サッカー」で徐々に仲良くなっていったそうです。6年生のお兄ちゃんは日本で少年サッカーチームに所属し、ボールの扱いも結構上手だったおかげで仲良くなる「きっかけ」が出来て、その後「英語」を使ってコミュニケーションをとるようになったそうです。子供たちは英語教室に通っているので英会話の基礎的なことはだいたい理解できました。帰国後、友人は何か和楽器を一つ覚えておくとコミュニケーションの手段の1つになると話してくれました。

　このように「外国の人とコミュニケーションする」というのは「英語が話せるから」ということとは直接つながらないように思います。英語が話せるから友達ができるのではなく、その人のパーソナリティが友達を作るのでしょう。その時の手段として「サッカー」が存在し、スムーズな意思の疎通の手段として「英語」が存在するのだと思います。

　「英語」自身を学ぶことは必要なことですが、子供たちには国際交流する道具を何か一つ身につけさせてあげたいと思います。ピアノ、たいこ、柔道、空手など子供の興味のあることを習わせてあげたいものです。ちなみに私自身は「盆踊り」が国際交流の手段となっています。10種類ほどの盆踊りは軽く踊ることができます。生ま

れも育ちも「郡上踊り」で有名な郡上八幡ですので、徹夜で踊っているうちに自然に身につきました（笑）。

値段が高い！ 家庭用子供英語セット教材について

特に最近ですが、家庭用子供英語セット教材の訪問販売が多くなってきました。どれも10〜30万円、高いものだと50〜100万円もする教材があります。値段を聞くとまず驚きます。出版関係の友人に聞いたところによると、どの教材も原価は売値の10分の1程度だそうです。このような値段を払って使う家庭用子供英語セット教材に値段と同じ価値があるのでしょうか？　一部の会社を除いて、そのほとんどが売りっぱなし状態。たまに1ヶ月ほど経ってから、お使いになってみて、お子さんの様子はいかがですか？　というようなフォローの電話がかかってくる程度です。私はこれらのセット教材の販売時に、1歳や2歳の子供を目の前にして語るセールスの人の「ビデオは子供が見ていなくてもつけっぱなしにしておいてください。」というセールストークに腹の立つことがあります。この言葉をよく耳にしませんか？　もしこんな言葉を聞くようあれば、その

教材は購入する価値はありません。英語の歌（マザーグースなどの子守歌）やチャンツ（英語独特のリズムを歌のように表現したもの）なら聞いていても楽しい音楽ですが、ビデオの英会話を画像も見ずに聞いていてなんの意味があるのでしょうか。電気代の無駄だというほかはありません。もし、お母さんが気に入ってそのセット教材を購入するのであれば、その教材だけで英語子育てをしてしまうという気持ちでいた方がいいでしょう。そんなに英語教材にお金をかけられるものではありませんから。でもここで、よく考えてみましょう。1歳の時に購入して、12歳までずっと12年間も同じ教材だけでやっていけるかどうか。購入したセット教材もどんどん新しくなるだろうし、次から次へ魅力的な英語教材が発売されていくでしょう。高価な買い物になりますからよく考えて購入するべきです。

　しかしながら、私個人としてはこのような高価な子供英語セット教材購入には賛成できません。高価な英語教材を購入しなくても十分に楽しく英語教育は可能だからです。私の子供のころのことを振り返ってみると、家には「百科事典のセット」がありました。きっと私の親は私たち姉弟のために購入してくれたのだと思います。そのセットの中で私が特に好きだったのは「動物」の巻でした。この事典はよく見て楽しんでいたように記憶しています。時代とともに百科事典セットが高価な子供英語セット教材に代わったのではないでしょうか。このように考えると、いつの時代も儲け主義的販売方法は変わらないですね。教材についての細かいコメントは第5部で述べることにします。

第3部 失敗しない英語教室の選び方

良い英語教室とダメな英語教室の違いとは?

子供英語教室の賢い選び方　1

　英語教室で学びたいと思っている子供たち、お母さん必見の英語教室選びのポイントについて説明しましょう。さて、英語教室は全国にたくさんあります。英語教室のチラシ、新聞広告、テレビコマーシャルなど目に付くところは結構たくさん。そんな時、どんな点に注意して見るといいのでしょうか？

▶**場所**　　英語教室のある場所を確認しましょう！

　自宅から距離があまりにも遠いと通うのに疲れて長続きしません。英会話は短時間で身につくものではありませんから、今の自分の生活に少しだけ英語を取り入れる生活をするという気持ちが大切です。小学校の近くに英語教室がある場合も多いので、まず身近な所から探して見ましょう。

▶**レッスン日**　　英語レッスンの曜日、時間を確かめましょう！

　現在の習い事が重なるような曜日になると子供自身も疲れてしまいます。なるべく習い事が重ならないようにすることと、「毎週○曜日は英語曜日！」という意識がよいでしょう。できればお母さんも何か習い事を始めて「一緒にがんばろうね」と言ってあげてください。

▶**英語の先生**　　教える先生が誰なのか確かめましょう！

　日本人の先生のみ、外国人の先生のみ、日本人、外国人の先生の両方、など英語教室にはそれぞれ特徴があります。こんな時は一度見学をさせてもらって、教え方のうまい先生を見極めましょう。勉強熱心な先生が良いと思います。熱心かどうかは教室を見回してみるとよくわかります。一度よく先生と話してみてください。

▶**内容**　　レッスン内容を確かめましょう！

年間プログラムをしっかり立てている教室が良いですね。年間プログラムが立ててないとまったくその場限りの思いつきでレッスンをする先生もいます。

▶4技能　　聞く・話す・読む・書くまで教えているか確かめましょう！

　これらの4技能をバランス良く1時間のレッスンに入れている教室がお勧めです。英語教室で学ぶ以上4技能の習得を目指すのは当然ですが、それぞれの英語教室の方針により、読み・書きはまったくしていないというところもあります。

▶雰囲気　　飾り付けが英語教室の雰囲気を出しているのか見ましょう！

　子供が良い雰囲気で英語を学ぶことが出来るのか、リラックスした状態や英語的刺激をたくさん受けることができるのか見極めましょう。また、教室が汚かったり、殺風景だと先生の英語レッスンに対する意欲がないことが分かります。手入れの良い教室がポイントです。

▶月謝　　毎月払う月謝についてはとても大切！

　月謝の他に教材費がやたら数十万と高価であったりするのは疑問です。最初にどーんと購入しても使わない教材があるかもしれません。月謝は教室によってさまざまですが、高い月謝だからといって良いレッスン内容を行っているとは限りません。普通で5千円前後、ネイティブに教えてもらうところは1万円前後と覚えておきましょう。

▶有名か無名か　　大手有名英語教室も内容をよく確認すること。無名個人英語教室は先生で選びましょう！

　手っ取り早く大手有名英語教室にポンッと入校させてお任せ状態にしてはいけません。必ず、ご自分の目で確かめてからスタートし

ましょう。個人で英語教室を開いている人は元大手英語教室で働いていたという人も多いのです。英語力に自信のある人や熱心な先生が多いのは個人の英語教室です。過激なコマーシャルにごまかされないよう十分に納得してから選びましょう。

子供英語教室の賢い選び方　2

　たいていの幼児・児童対象の子供英語教室は生徒集めをするのに「英語体験レッスン」を無料で行なっています。この体験レッスンで子供の反応が良かったから入学を決めたという人も多いのではないでしょうか。

　でもこの「無料英語体験レッスン」は生徒集めのためのデモですから一番子供の反応の良い内容ばかりをそろえています。その時の子供の様子が楽しそうだったからといって、英語教室のレッスン内容を知らずに入学して、高価な教材を買わされたなんてことになりかねません。

　そこで、この体験レッスン時に先生にいろいろ質問をして的確な答えを丁寧に説明してくれる英語教室を選択しましょう。そう！この「いろいろ」な質問が大切なのです。

質問1：「年間計画を見せてくださいませんか？」
　しっかりと年間計画がたててあるかどうかがポイントです。4技能（聞く・話す・読む・書く）がバランス良く配置されていて、文化的な内容も時期を考えてうまく設定されているかがポイントです。

質問2：「この英語教室のメインになるレッスン教材は何ですか？」
　たいていの英語教室にはメイン教材があります。メイン教材がな

いと計画も立てることができません。例えば、会話のカードとか、絵本シリーズ、コースブックなどです。何を中心においているのか聞きましょう。良い英語教室にははっきりとしたメイン教材があります。

質問3：「どの先生が教えてくれるのですか？」

発音の上手な先生であることは大前提ですが、教え方の上手な先生を選びましょう。子供と先生の相性もありますから、特に小さな幼児の場合、ネイティブの先生を怖がってしまう場合があります。日本人の先生、ネイティブの先生が交互に教えるのかどうかもチェックポイントです。ネイティブの場合、子供の教え方に精通している人を選んでください。英語を話すだけの先生では子供を教育できません。

質問4：「フォニックスという言葉をいろんな教室の広告で目にするのですが、何のことですか？」

この質問にすぐ答えられないようでは児童英語教師とは言えません。基本中の基本の質問です。先生の質をこの質問ではかってください。きちんとした英語教授法を学んできた人ならすぐに答えられる質問ですから。ちなみにフォニックスは「英語の文字と音の規則性」のことで、子供の読み書き能力を伸ばす手段として用いられています。もともとフォニックスは、アメリカで識字率を上げるための英才教育方法でした。この質問にきちんと答えることができるのであれば大丈夫です。

質問5：「家ではどう支援したらいいですか？」

　定期的にレター通信を送ってくれるのかどうかを確かめたほうがいいですね。家での支援方法や、レッスンの進み具合など紙に書いてあると親も安心です。親も先生も会って話すという時間の確保は大変ですから、このレター通信の有無は大きなポイントです。できれば、先生からの一方的なものではなく相互に連絡を取り合えるようなシステムがあるといいでしょう。レター通信を作ることは教える先生にとって、とても多くの時間を費やさなければならない作業です。しっかりとレター通信を作ってくれる先生は手抜きなどしない良いレッスンをする先生です。

インターナショナルスクールって？

　日本全国にインターナショナルスクールと呼ばれる学校があります。インターナショナルスクールという名前を付けている学校（幼稚園・保育園）もあります。これらを大きく分けてみると3種類に分かれます。

(1)　親の都合などで一時的に日本に住む外国人の子供たち、国際結婚で生まれた子供たち、帰国子女のためのスクール

　このタイプのインターナショナルスクールは幼稚園（保育園）～

高校まであります。授業は全て英語で進められます。入学をするための条件は①親のどちらかが英語を話せること。②学費（年間150万～200万円）が支払えること。このタイプのインターナショナルスクールは一般の日本人の入学を簡単には認めてくれません。

(2) 英語で授業を進めるイマージョン教育式の日本政府認可のスクール

　日本の学校教育のスタイルで、それぞれの科目を英語で教えるというスクール。例えば、算数、理科などを英語で教えます。入学条件は特にありませんが、私立校なのでそれなりの学費は必要です。親との連絡も英語と日本語で行われています。

(3) 英語で保育するスクール

　最近増えているのがこのタイプのプリスクール。幼稚園と保育園のみがあります。たいていは小さな規模でスクールを運営されており、希望すれば簡単に入学できます。各スクール独自のカリキュラムで一日を過ごします。英語で保育をするのでインターナショナルスクールという名前を付けるところが多いようです。一般日本人の子供たちが多いのですが、外国の子供たちも受け入れています。

インターナショナルスクール入学を考える？

　インターナショナルスクール（外国人学校、国際学校）に入学を望んでいますか？　インターナショナルスクールに入学するには一定条件をクリアすることと、インターの生活を送ることによって起きることを了承しなければなりません。ここでは(1)の正式なインターナショナルスクール入学について考えてみます。

入学の条件は――――――――――――
　インターナショナルスクール入学の条件を先ず先に説明します。

入学条件は親がネイティブ並みに英語を話すことができること。両親のうちどちらかが英語を話すのであればOKです。インターナショナルスクールは「学校」ですから、子供の教育に関することの連絡はすべて英語で行なわれるからです。その時しどろもどろではスクール側もどうしようもないので完璧な英語話者が家族に存在することが必要なのです。もう一つ条件があります。インターの学費を支払えるかということです。インターナショナルスクールは日本政府が認めた「学校」ではありません。日本にある外国企業や親たちがお金を出し合って運営しています。ですから、高額な学費が必要になります。年間約150万～200万円かかります。この金額が楽に支払える家庭でないと苦しいインター生活になってしまいます。

インターに入学したら

インターナショナルスクールでは英語で授業が進んでいきます。

日本人がインターナショナルスクールに入学したい理由として英語を身につけてもらいたいという親の願いや国際感覚を身に着けてもらいたいという願いがあります。毎日英語漬けになるわけですから徐々に英語に慣れ、ネイティブの発音に近くなっていくでしょう。でも、気をつけなければならないのは、英語を話せることを前提として授業内容が進んでいくのですから、英語が話せなければ苦痛となってしまうことがあります。子供なりの柔軟性でそこはうまく乗り切ってくれるとは思いますが。また、スクール側でもESLクラスで英語をトレーニングしてくれるところもあります。

　小学1年生からインターに入学して、高校3年生まで在籍したとします。それからどうしますか？　欧米の大学進学にはなんの支障もありません。歌手の宇多田ヒカルさんもインターナショナルスクールを卒業し、そのままコロンビア大学生になりました。一方、今までは（2002年）日本の大学にはこのまま入学できませんでした。日本の義務教育を修了したことにはならないからです。日本の大学に入学するためには「大検」を受けて通らなければなりませんでした。これについては最近見直されています。インターナショナルスクールを卒業しても、日本の大学側が「これで良し」と認めてくれればその大学に入学できるということです。早くて2003年度にはインターナショナルスクールを卒業し、一定水準の成績を収めていれば日本国内の大学に進学できるようになります。（2002年7月2日文部科学省発表、毎日新聞）

　冒頭に「インターの生活を送ることによって起きることを了承しなければなりません」と書きましたが、考慮しておかなければならない重要なことがいくつかあります。(1)のようなインターナショナルスクールへ日本人の子供が入学すると「アイデンティティの崩壊」

が起こる恐れがあります。つまり、「自分は何人だ？」という疑問が生まれやすいのです。両親ともに日本人で、日本で生まれ育ち日本で就職し暮らしていく日本人が、インターナショナルスクールで英語だけの教育を受けたことで、漢字も読めない書けないという状態になります。インターナショナルスクールに通いながらバイリンガルを目指すのであれば家庭での日本語教育が必要です。日本に住んでいるから日本語ができるようになるといって放っておいてはとんでもないことになります。

　私の恩師の児童英語の先生はインターナショナルスクールを卒業しました。その先生は今でも英語で本を読むのは日本語で本を読むより何倍も早く読めると言っています。漢字は形を見て覚えなければいけませんから、幼い頃から本で親しみながら徐々に覚えていく必要があるでしょう。インターナショナルスクールに小学校から入学するとこの地道な作業が出来ません。ですから家庭での日本語学習を熱心にする必要があるのです。私はバイリンガル子育ては本当に大変だと思いますし、相当な親の覚悟が必要だと思います。どこまで徹底的にどんな教育を行なうかは親の選択によって決まります。インターナショナルスクール入学についてはかなりの覚悟を決めて取り組むことが必要だと思います。

　一方、(3)のような英語で保育するプリスクールで、長い人生の少しの期間だけ英語に触れさせてあげることに関しては、日本語と英語のバイリンガルになる基礎作りとしてよい経験になるだろうと思います。入学する際は英語での保育を基本にしている上で母語である日本語もきちんと学べるプリスクールが良いでしょう。ネイティブだけで英語のみで保育しているプリスクールに通った後に普通の日本の小学校に入学することになると、子供が混乱することになるかもしれません。子供たちはプリスクールで一日を過ごしていると、

英語のフレーズをいくつか理解して話すようになります。日本語の習得に関しては、この後に普通に小学校に入学するので日本語ができなくなるというような心配はまったくありません。また、日本に住み、日本人の親、家庭の言語も日本語という環境で、日本語が話せなくなるという心配もないでしょう。プリスクールで覚えた英語をこの後にキープしていくことの方が大変だろうと思います。

また、(2)のような日本人対象のインターナショナルスクールでは日本語教育も充実してバイリンガル教育をしています。日本人が多いので(1)のようなスクールの雰囲気ではありませんが、教育自体はしっかりしています。

一般の幼稚園・保育園でも英語と触れ合っている

私は小学校で教えるようになってから、小学1年生のクラスで、英語を幼稚園・保育園で習ってきた子供たちが意外に多いことに驚きを隠せません。英語レッスンを本格的に取り組んで行っている幼稚園、外国人との触れ合いタイムと称して週に一回、月に一回と行っている幼稚園があります。どこの園でも子供たちは英語で楽しく遊んできたらしく、歌も単語もよく知っています。これらの子供たちと小学1年生で初めて英語に触れるという子供たちと一緒に英語活動をしなければならないので、カリキュラムを工夫しなければならない状態です。

バイリンガル教育は国際結婚カップルでも大変！

国際結婚しているカップルでもバイリンガル教育には大変苦労しています。皆さんいろんな形でバイリンガル教育に取り組んでおられます。何組か例を紹介しましょう。

米国に住む国際結婚カップル（夫アメリカ人、妻日本人）のご家

庭に夕食に招待されたときのこと。そのご家庭には小学五年生の娘さんが一人いました。その時お母さんは娘さんに対して日本語で話しているのですが、娘さんから返ってくる言葉はすべて英語なのです。内容は言葉が異なるだけで会話はしっかりできていました。お母さんは「日本語は理解して分かっているんだけどね～。」と残念がっていました。

　また日本に住んでいる国際カップル（夫アメリカ人、妻日本人）の場合はこの逆です。小学生２人（娘、息子）の子供たちは幼稚園時代をアメリカで過ごし、その後日本で生活しています。彼らは英語で話しかけても返事は全て日本語です。お母さんは「アメリカにいたときは英語で話していたんだけどね～。」とこぼしていました。娘さんはもう英語を忘れかけていたらしいので、そのご家庭は子供の教育のためにあわてて米国へ引越して行きました。

　まだ幼稚園のお子さんがいる国際結婚カップル（夫韓国人、妻日本人）は子供の日本語教育のために３ヶ月間日本に里帰りをして、日本の幼稚園に子供を預けました。すると３ヶ月の間に子供は日本語を理解し、おじいちゃんやおばあちゃんと簡単な日本語で会話ができる位になったそうです。

　これらの例からもお分かりになると思いますが、子供たちは家庭の中で話されている言語より、自分の住んでいる国の言語に多大なる影響を受けているということになるでしょう。日本人同士のカップルが日本に住んで子供を英語と日本語のバイリンガルにしようとするにはかなりの努力が必要になるのではないでしょうか。そんなに簡単にバイリンガルになれるものではありません。

どこまでがんばって取り組むべき？

　「英語を話す」と言ってもどの程度話せればバイリンガルなので

しょうか？　英語が話せなくても身振り手振りでコミュニケーションは取ることができますし、カタコトでも言いたいことを伝えることができれば良いのです。

外国語として英語を学ぶ環境において、幼い頃に「英語を学ぶ」というのは単に語学の習得だけを目指しているのではないことを念頭に入れて置く必要があります。外国語である英語を学ぶことで、子供たちは国際的ないろいろなことに興味・関心をもつようになります。また英語などの外国語を学ぶと、外国人、日本人に限らず、人間に対しても積極的な態度で接するようになります。

私は英語を「上手」に話す、「ネイティブのように」話す、「スラスラ」話す、「小学生でペラペラ」と話す、というようなことは必要ないと考えています。そうではなくて、言いたいことを伝える手段として英語を話すことができればOKだと思います。それには子供たちの心の中に伝えたい内容があることが先決です。英語のスキル習得学習の中では子供たちの「言いたいことを創造する教育」はなかなか難しいでしょう。この点については学校やご家庭での普段

一般のお母さんの意見

堀　多可子さん（子供2人）

子供が英語教室に通っているとつい「ペラペラになる」ことを期待してしまいますが、実際は日本で週1回習うだけではバイリンガルなんてとてもとても…と思っています。家では英語教室で出る宿題をやる程度です。でも子供には将来、高校留学をしてもらって世界に羽ばたいてもらうことが私の夢です。今は子供が英語に慣れ親しむこと、学校で習う前に英語を少しでも知っておいた方がいいこと、英語の音を聞き分ける耳を作る準備段階だと思っています。（30歳、主婦）

の教育の中で行なってもらうしかないと思います。

　家庭によっては子供に英語を話せるようになってもらわないと困るという場合があるかもしれません。そういう場合は先の国際結婚カップルのように相当の努力をするほかないでしょう。

参考までに　～各家庭での英語子育ての事例を紹介～

　楽しんで英語子育てをしているご家庭をいくつかご紹介しましょう。このようなご家庭ではインターネットのホームページを公開していて、自身の英語子育てについての取り組みを載せています。どのサイトを見ても皆さん本当に楽しんで英語子育てをしています。やはり親自身も楽しんでいる英語子育ては長続きしています。

サイト名：えいご3兄弟
http://www2.starcat.ne.jp/~ohyakids/index.htm
　3兄弟を英語子育てしているママのサイト。こちらの3兄弟はお母さんと英語で会話をしています。高機能自閉症の長男は英語を話すことでコミュニケーションができるようになり明るく積極的になりました。

サイト名：Wishing Star
http://eigo-joy.cool.ne.jp/
　ディズニーのセット教材だけで英語子育てをしてきたママ。現在12才の息子さんは英検準2級に合格しています。

サイト名：こぶたの名産地
http://www.geocities.co.jp/SweetHome-Skyblue/1077/index.html
　カードの使い方などの英語教材の使い方を詳しく載せています。ディズニーや七田式パルキッズを使用した英語子育てです。

サイト名：Kids Garden
http://www.d1.dion.ne.jp/~saki/
　公文式教室を開いているママの英語子育て。子供用のセット教材を多種

使用し、その感想を公開しています。

サイト名：バイリンガル・ガール
http://www2.ocn.ne.jp/~trading/ikuji.htm
　英語子育ては英語教材を買うことからではないことを、身近な英語教材の紹介と、自身の子供の英語発話について紹介しています。

サイト名：POKOちゃんのパルな日々
http://plaza.rakuten.co.jp/pokochan/
　2歳の息子さんの英語子育ては自身にとっては2度目。年の離れたお姉ちゃん（中1）の英語子育ての経験を活かしながら取り組んでいます。

サイト名：ぽちたろ　の　おやこえいご
http://www.geocities.co.jp/SweetHome-Green/1651/
　息子のたろ君の英語での発話を載せています。また、お母さん自身が行なった英語実践を紹介しています。

サイト名：R-Train
http://www2.netwave.or.jp/~rikuta/index.html
　英語育児ノートは一度読むと良いでしょう。細かく記載された内容には「英語子育て」を楽しく行なうコツがあります。

サイト名：子育てパラダイス
http://homepage1.nifty.com/t-moteki/contents4.htm
　英語子育て用語集のサイトがあります。英語子育てする際にいろんな専門用語が出てきますが、これらの用語について細かく説明しています。

サイト名：はろー！からHello！へ
http://homepage1.nifty.com/shala/
　英語子育てについての自身の考えや、英語での遊び方、サークル活動などについて細かく載せています。

サイト名：neko-JIMA-n
http://www.geocities.co.jp/SweetHome-Green/3072/

1歳からスタートした英語子育ての詳細を月毎に載せています。子供の英語の習得レベルを紹介してあり、まさに「塵も積もれば山となる」を実践しています。

サイト名：のびのび！　すくすく！　バイリンガルキッズ
http://www5a.biglobe.ne.jp/~blkids/index.html
　英語子育てに関する情報交換ができます。英語子育てに悩みは付きもの。そんな時はこちらのサイトが便利です。

サイト名：English Square
http://www.geocities.co.jp/NeverLand/4062/
　香港在住のママ。香港では日本人のインターナショナルスクール入学は厳しいといいます。そんな中でも娘さんをインターに通わせて日英のバイリンガルを目指しています。

サイト名：Baby-Talk Club
http://village.infoweb.ne.jp/~bt/
　「一緒に英語子育てを楽しみませんか？」というコンセプトでいろいろな子供イベント情報やサークル情報が手に入ります。

※これらのサイトは2003年4月15日現在のものです。

第4部 公立小学校での英語活動

本格的に始まった小学校での英語教育
果たしてその実態は？

小学校で英語を学ぶことができる！

　公式には2002年度から公立小学校で英語を教えることができるようになりましたが、すでにその数年前から、英語教育に力を注いでいる公立小学校も多くなっています。例えば、文部科学省の英語研究開発指定校として、岐阜県・生津（なまづ）小学校をはじめ、愛知県・花ノ木小学校、福井県・湊小学校、大阪府・天野小学校、埼玉県・粕壁小学校などです。これらの小学校は皆、文部科学省から３年間の英語研究期間をもらい、学校全体で英語に取り組み、その成果を発表した学校です。

　私自身もこれらの研究開発校の成果発表を聞いたり、授業のビデ

オを見ました。どの小学校もとても熱心に取り組んだ様子が表れていました。教える英語の内容はともかくとして、小学校教師同士で簡単なスキットをしてみたり、オリジナル英語ビデオを製作して、毎朝全校に放送しているなど、学校全体で「英語」中心の生活を送っているというような雰囲気がありました。私はこれだけ小学校が英語教育に一生懸命になれるのは、その学校が開発指定校だからこそできることであって、普通の小学校ではなかなか難しいと感じています。そう感じていた時に、ごく普通の小学校の英語活動を偶然見学できる、という機会を得ることができました。これはラッキーと思った私は、早速、学校長の許可をとって見学させてもらうことにしました。

普通の小学校の英語活動を拝見

英語研究開発校以外に、市町村独自の取り組みとして、英語を教

昔の英語教育を振り返って

柳　善和さん

外国語が義務教育の中で教えられるようになったのは、戦後になってからです。その時に中学校の3年間が新たに義務教育になりました。選択教科とはいえ、いきなり英語を教えることになって、多くの学校では教材や教える人を確保するのも一苦労でした。ですから、当初は大学生がアルバイトで教えていたり、少し英語をかじったことのある人が近くの学校に出かけたりしていたのです。でも、この頃の中学生は戦後の苦しい時代の中で、英語を勉強できることに希望を見いだしていたのかもしれません。不安と希望が混在して走っているところは、今の小学校の英語活動のどたばたと同じなのでは？（名古屋学院大学教授）

える公立小学校も増えています。見学した小学校は、まさに「独自」に取り組んでいるという学校でした。2001年度に見学しましたが、児童英語教師としての私には「？？？」の英語活動でした。というのは、私が今まで見たことがない児童への「英語活動」だったからです。

その日は、ALT（Assistant Language Teacher、担任の先生の助手をするネイティブの先生のこと）が来る日でしたので、その日に合わせて英語活動が行なわれることになっていました。対象は3・4年生。担任の先生は、授業の前に軽く2、3分ほどALTと打ち合わせをしていました。さて机と椅子を隅に寄せて広い音楽室で授業スタート！

（以下は英語活動の流れ）
担任教師：Stand up!
児童：　　（全員起立）
担任教師：今日は、○○○先生が来てくれました。さぁ、先生にあいさつしましょう。
児童：　　How are you? Mr. ○○○?
ALT：　　I'm fine, thank you, how are you?
児童：　　I'm fine.
担任教師：Sit down.

担任の先生が「教室英語」を使用したのはこれだけでした。その後の展開はというと…、次にALTが大きくコピーをした英語の歌の歌詞と音符を黒板に貼って、カセットテープを児童に聞かせました。児童は座ってただ聞くのみでアクションもなし。どうなってるの〜？と思いながら見ていると…

担任教師：さぁ、○○○先生のあとについて単語を発音してみましょう。
ALT：（単語の絵カードを見せながら）Swim, Jump, Fly, Walk, Run, Drink, etc....
児童：（座ったまま）Swim, Jump, Fly, Walk, Run, Drink, etc....

　ALTは自分でアクションをしていましたが、児童たちは座ったままなのでアクションはなし。う〜ん、児童中心になってな〜い。その後の展開は…
　ALTは単語の絵カードを児童たちに見せて、それらを2度リピートさせました。いよいよゲームです。

担任教師：次はゲームをしましょう。サイモンセッズゲームです。これは船長さんの命令と同じなので、サイモンセッズが聞こえたら動作してください。
児童たち：はぁ〜い。
ALT：Simon says ....
児童：（ゲームを楽しむ）
担任教師：さぁ、2つのチームに分かれてサイモンセッズゲームをしましょう。
児童：（2つのラインに並ぶ）
担任教師：さぁ、○○君からスタートするよ。言ってください。

　児童たちは2つのラインに並びました。そして、一つのラインチームが立ち、もう一つのラインチームは座ってサイモンセッズの指示を出すことになっているようです。でも、児童たちは、皆、小さな声でコソコソと言ったり、何て言ったらよいかわかんないと困っ

ていました。そして、気の弱い女の子は泣き出す始末。結局、モジモジしている時間が長すぎて授業の終了時間が来てしまいました。

担任教師：はい、今日の英語はどうでしたか？　いっぱい教えてもらいましたね。もう、終わりの時間がきました。○○○先生にサンキューと言いましょう。
児童：　　サンキュー。
ALT：　　You're welcome, good bye.
児童：　　Good bye.

あーぁ、授業が終わってしまいました。なんてもったいない45分間。私だったらこうする、ああするという点が多々あります。ところで、この授業でのALTの役割は何だったんでしょう？　ALTの存在意義はこの授業に生かされていたのでしょうか？　不思議に思った私は授業終了後にALTに「あなたは授業をリードしたいと思わない？」と尋ねました。するとALTは「自分はアシスタントだから」と言いました。ALTの意識は「担任のアシスタント」。確かに雇用上はそうなんです。教育委員会も「担任主導」を前提にしていますから。でもALTがこのような意識でよいのでしょうか？　私がアメリカで日本語文化教師として公立小学校で活動していた時の意識と

はまるで違うので驚きを隠せません。

　私は、このような英語活動は決して例外ではないと思います。むしろ担任の先生によるごく普通の英語活動はこのような展開が多くなるだろうと予測できます。このような授業では、せっかく与えられている45分間がもったいないと思いませんか？　しかしながら、この担任の先生もしっかり児童英語教育の研修、英会話の基礎を習っておけばこのような展開にならなかったかもしれません。小学校の教師は「児童」を扱うプロ。この素質は児童英語教師となる大前提です。もし、児童英語のノウハウをしっかり身につければ、良い英語活動が展開できると思います。

　次に先ほどの英語活動を考察してみましょう。

(1)　打ち合わせ時間
　いくら時間がないとはいっても2、3分の打ち合わせでは少なす

ネイティブから見た小学校英語

Wendy Goughさん

私は各学校一年で三回ずつ授業をします。ALTの仕事は英語を教えながら異文化理解をさせることだと思います。私は授業を面白いものにしようと心がけています。担任の先生達と英語の教案のことはあまり話せません。何人かの先生は英語の授業には無関心だと感じます。私は担任の先生ともっと協力して教案を作りたいです。生徒達に「面白かった！」と言われると、とても嬉しくなります。私は生徒達に英語をペラペラになってもらおうと思っていません。私が望むのは「Open mind」です。(小学校ALT)

ぎます。せめてレッスン展開のタイムスケジュールを一週間前にたてて打ち合わせておくと準備も十分できるでしょう。

(2) **担任教師の使う英語**

レッスンで使う「教室英語」のフレーズはどれも短くて暗記できます。これは全く英語が初めての小学生にも理解しやすいように短くしているのです。ですから、担任の先生もこれらを暗記して、なるべく多く英語の授業で使うとよいでしょう。

(3) **英語の文字**

英語の文字の読めない児童に英語の歌詞と音符を見せて、歌わせて、何の意味があるのでしょうか。英語の歌を一緒に楽しむ場合は、絵のみで歌のストーリーを楽しんだり、ダンスやアクションをしたほうがずっと楽しいでしょう。

ただし、英語の4技能は表裏一体。私自身は児童が「楽しむ」程度の読み書きは教えてもかまわないと思っています。2歳の幼児でも壁やふすまに絵や文字を書きたいのですから、当然、小学校の児童も英語の文字を書いてみたいと思っているでしょう。

(4) **ALT**

ALTをカセットテープのように生きた発音トレーニングマシーンにしてしまってはいけません。また、動物園の動物のように見世物にしてしまってもいけません。ALTの役割は何でしょう？　ALTは異文化の香りをただよわせている人。彼らにはそこにいるだけで、文化的存在価値があるのです。ですから、ALTには言語の英語だけ教えてもらっていては非常にもったいない。もっと多くのALTの国の文化を英語活動に生かしていってもらいたいと思います。

(5) **児童中心**

アメリカの教育学者ジョン・デューイ（1859-1952）は児童中心主義が学習効果を生むとしています。児童も「自分で体験すること」

の方が楽しいはず。「自分で体験したこと」は結構長く覚えていてくれます。この授業ではTPR（聞いた英語を体を動かして反応する方法：全身反応教授法、参考資料P.26参照）を少しだけ取り入れていました。つまり、Swim, Flyでは泳ぐまねや翼を広げて飛ぶまねをしました。私はここから先にこのTPRを利用したゲームを展開すれば楽しかったのにと思います。

(6) ゲーム

児童英語教育にはゲームは欠かせません。でも今回のサイモンセッズゲームの展開方法はちょっとマズイ…。というのは、児童が英語を使いながら夢中になってゲームを展開していくのが「ゲーム」をする良い点だからです。児童が照れてしまったり、何を言っていいのかわからなくなって困ってしまう、児童がわからないと泣いてしまうようなゲームは「英語なんて嫌い」と思ってしまう原因にもなりかねません。そうなると小学校で英語活動をする意味がなくなってしまいます。

小学校教師の立場から

長瀬秀子さん

楽しく活動する子供達。聞き取った英語をそのまま発音し、学んだ表現をすぐに使おうとする子供達。英語コミュニケーション活動における子供達の姿は、実に自然体です。私たちの想像以上に子供達が英語のリズムやイントネーションを識別したり、修得したりする能力をもっていることに驚かされています。ますます必要となってくる国際共通語である英語学習。英語に対して拒否反応のない小学校段階での学習を今後も大切にしていきたいと思います。（小学校教諭）

(7) 補助

　モジモジしてしまった児童に先生が寄っていき、「こう言うといいよ」と教えてあげる方法は、丁寧な指導のすばらしい方法のように見えます。でも、もし、その児童が自分で理解して解決したのであれば、自信につながり、英語の時間を楽しみに待つようになるでしょう。この補助をする加減が一番難しいところだろうと思います。リードする先生はこのような児童を作らないような展開を時間をかけて進めるべきでしょう。例えば、

　　　　全体　→　グループ　→　ペアワーク　→　個人

のように理解を促しながら補助していくと良いでしょう。

(8) 評価

　小学校では、児童の英語学習の評価は要りません。厳しく評価しなくてはならないのは教える側の英語活動に対する評価です。毎回、反省点を書きとめておき、次回の授業に役立てるような心構えが必要でしょう。

(9) 終了

　ただ単に時間とともに終了せず、次回の案内をするといいでしょう。「次回の英語はこういうことをやるよ、楽しみにしていてね。」というメッセージを残しておくと児童も楽しみに英語の時間を待つようになります。そのためにはしっかり英語活動のカリキュラムをたててあることが必要です。

⑽ **教室**

　英語活動の雰囲気を出してある教室で楽しく英語に親しめるように、飾りつけを工夫するとよいでしょう。世界地図、アルファベット、季節ごとの文化的なデコレーション、英語活動で児童が工作したクラフト、ブリテンボード（掲示板）、写真などいろいろあります。学校のスペースの関係もあるでしょうが、なるべくなら、英語の部屋を用意してそこに児童がやってくるというスタイルの方が良いと思います。

　ちなみに、この英語活動を行なった次週に私が5・6年生の英語活動をALTとのTT（複数の教師が一つの授業に関わること：Team Teaching）で行いました。最初に英語活動の内容を担任教師に伝えると、「こんなに多い内容ができるの？」という感想でした。ちょうどハロウィーンの時期でしたので、ハロウィーンをテーマに歌、ダンス、単語、物語、Q－A、ちょっとお楽しみゲームを含めたのです。盛りだくさんの内容でしたが、（児童英語では盛りだくさんの内容は当たり前なんですが）45分間をフルに使って展開し、きちんと時間には終了しました。全校の先生が見学に来られ、まるで研究授業。終了後、教師の方々の中には「すごく面白かった。」「清水先生の教室が近いのだったらうちの子も通わせたい。」というとっても有難い言葉も。民間の英語教室ではごく普通の内容で、特に目新しいようなことはないのですが、公立小学校では、このような内容は全く予想外の新しい内容だったのだろうと思います。私は自分の展開するレッスンでは私自身が子供たちとのコミュニケーションを楽しんでいますので、子供たちにとっても楽しいレッスンであってほしいと願っています。このような小学校教師の方々の言葉は、現在公立小学校で英語を教えている自分への励みとなっています。

英語教育ではなく英語活動

ここで一度、公立小学校での英語活動の基本定義をみてみましょう。文部科学省から出されている一冊の手引書を紹介します。平成13年4月に発行された『小学校英語活動実践の手引』です。この手引書には小学校の英語活動のねらいを次のようにしています。

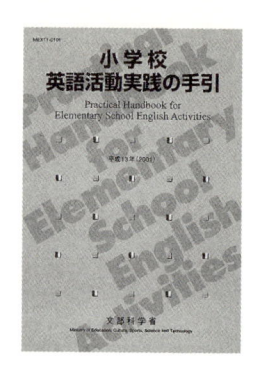

『児童期は、新たな事象に関する興味・関心が強く、言語をはじめとして、異文化に関しても自然に受け入れられる時期にある。このような時期に英語に触れることは、コミュニケーション能力を育てる上でも、国際理解を深める上でも大変重要な体験になる。「英語活動」そのものが異文化に触れる体験となり、さらに、外国の人や文化にかかわろうとするときの手段として、英語を活用しようとする態度を育成することにもつながる。すなわち、言語習得を主な目的とするのではなく、興味・関心や意欲の育成をねらうことが重要である。』（文部科学省『小学校英語活動実践の手引』P.3より引用、開隆堂）

つまり、「小学校の英語」は英会話のできる小学生を作るのではなく、将来、英語でコミュニケーションできる可能性を作っているのです。ですから、小学校の段階では「英語学習」ではなく、「英語活動」であると定められています。これはどうしてだろうと思いませんか？　小学校から話せる英会話を学んでおけばいいじゃないかと思いませんか？　これには小学校で英語を学ぶことができるよ

うになった背景に理由があります。実はまだ小学校で英語はやっても やらなくてもいいのです。英語活動は総合的な学習の時間の中に 位置づけられます。

総合的な学習の時間って何？

「総合的な学習の時間」とは…
● 地域や学校、子供たちの実態に応じ、学校が創意工夫を生かして特色ある教育活動が行える時間。
● 国際理解、情報、環境、福祉・健康など従来の教科をまたがるような課題に関する学習を行える時間。
「ねらい」は…
● 自ら学び、自ら考える力の育成。
● 学び方や調べ方を身につけること。
● 年間時間数：3・4年生 105時間、5・6年生 110時間
（小学校学習指導要領より）

では「英語活動の時間」の位置付けを分かりやすく図に描いてみます。

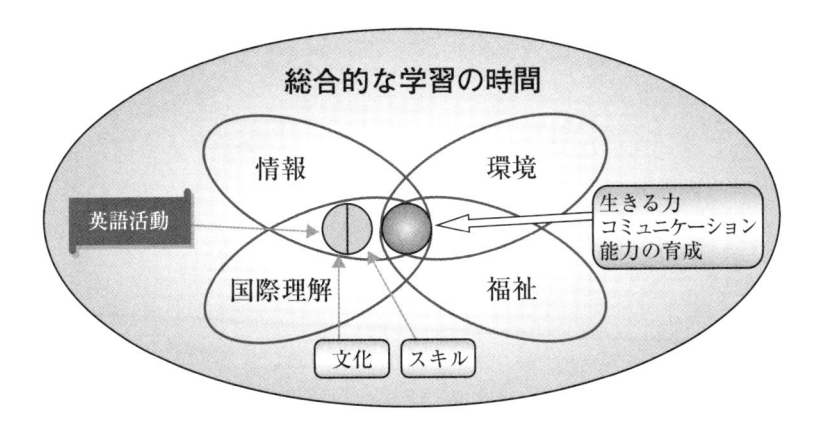

総合的な学習の時間

情報　環境
英語活動 →
国際理解　福祉
文化　スキル
← 生きる力 コミュニケーション能力の育成

第4部　公立小学校での英語活動

「総合的な学習の時間」は子供たちの「コミュニケーション能力の育成」をねらいに含めています。私のような児童英語教師としては「英語でコミュニケーション」と考えがちなのですが、実はそうではなく、小学校では第一に「日本語」でコミュニケーションできる能力の育成が大切だとされています。児童たちが外国語を学ぶことによって積極性が生まれるという理論もありますから、世界で一番利用価値のある言語の英語を学ばせて、コミュニケーション能力の育成と英語という言語に触れさせるという一石二鳥をねらった方法と言えます。もちろん、学校によっては、英語以外の言語で、というところも出てくるでしょう。特に英語に限らず、地域の特性を生かした国際理解教育であればOKというところでしょうか。また、国際理解教育という枠ですから、英語活動は今の段階ではやってもやらなくてもいいということです。しかしながら、文部科学省によると、近い将来には「英語」を教科にするという方針でいるので、いずれにせよ、すべての小学校で英語は間違いなく教えられることになります。

小学校での英語活動には評価がない？

　現状では英語活動に評価はつきません。小学生に英語活動の評価がないことはいいことだという人々もいらっしゃいます。実際現場の様子を知っている私から見ても、英語活動の評価を子供たちにつけることは不可能だと思っています。評価しようがないからです。どのような基準で評価するのかわかりませんし、テストもできません。「英語活動」は親しむことということ以上は、英語そのものの能力は関係ありません。ですから、評価できないのです。これと矛盾するようですが、私はある小学校で自己評価表を子供たちに書かせています。内容はごく簡単。以下の通りです。（1〜3は○△×を記

入、4は記述)

1．英語をたのしく聞くことができた。
2．英語を大きな声で言うことができた。
3．英語で楽しく遊んだ。
4．楽しかったことを書いてね。

このような自己評価表は教える側の評価として受け止めています。このような子供たちからの声を聞くことは、次の英語活動の時間がより親しみをもてる、内容の濃いものにするための教師自身への評価として必要な手段だろうと思います。

小学校は英会話スクールではない！

当たり前のことですが、小学校は英会話スクールではありません。小学校で英語を教えているからといって英会話スクールに通っているような結果を期待するのはまちがっています。私たち日本人にとって英語習得には時間とお金がかかります。でも、小学校には英語教育に費やす十分な時間もお金もありません。限られた時間内、限られた予算内でできることを子供たちに英語を経験させてあげることが大切になります。

私は2年前から「小学校で英語！」とはりきって教えはじめました。最近わかったことが一つあります。私は「英語屋」だということです。つい子供たちの成果を期待してしまいます。英語の音を聞き取れた、発音がきれいに言えた、英語でこんなことが表現できるようになった、ここまで書けるようになったなど、成果が気になって仕方がありません。でも、今のところ小学校における英語活動ではこのような成果、評価は必要ないのです。この英語活動を通して、人格形成における「コミュニケーション能力の育成」ができること

が真の目的だからです。

　別の視点からみてみましょう。私が小学校教員免許を取得するための実習中に指導されたことに、「小学校では科目学習を通して人格形成をする」がありました。例えば、朝顔を種から育てて花を咲かせ、枯れたらツルまで利用してクリスマスリースを作る、という生活科の学習にはいろいろな経験が重ねあわされています。学習中に子供自身が植物の成長とともに、水をやりながらものを育てることの「苦労」、花が咲いた「感動」、種の増加の「喜び」、枯れたツルをリサイクルする「優しい心」などを成長させていくこと、つまり「全人教育」が小学校教育の役割なのです。

　小学校の英語活動についても同じことが言えます。英会話スクールのように英語の言語そのものの習得ではなく、英語活動を通した「コミュニケーション能力の育成」を目的としているのです。しかしながら、英語屋の私としては物足りないと思うこともしばしば。せっかくのチャンスを、与えられた貴重な時間を、うまく活かしきれていないというジレンマに陥ることもあります。30人〜40人の英語レッスンは語学を習う人数としては多すぎます。一般の英語教室では4人〜6人が普通ですから。

　小学校の教育にはそれぞれの科目学習を通して人格形成する、という根本的な目的があり、英語もその手段の一つとなるのも理解できます。でも4技能習得を全く無視した目的だけでいいのか…疑問に思うところです。「英語屋」の私にとって小学校の英語活動に物足りなさを感じる理由がここにあります。

公立小学校では担任教師が英語を教える？

　現在までのところ、文部科学省では「担任教師が英語を教えること」を基本姿勢としています。この点についてはまだまだ過渡期に

あり、それぞれの小学校ではいろいろな先生による英語活動が展開されています。では具体的にどのような人々が英語活動に関わっているのでしょうか？　いくつかのパターンがありますのでここに挙げてみます。

▶ALTのリードによる英語活動

　ALTが常にレッスンプランを立てる。担任教師は子供と同じ立場で参加したり、ALTのリードでレッスンに教師の立場で参加する。レッスンは主に英語で進められるが、時々担任教師の日本語の説明が入ることがある。ALTは各教育委員会で雇われているので、その学校区の小学校を順に回っている。学校数が多いとALTが教えに来てくれる回数が少なくなる。年間プログラムの内容はすべてALTに任せられている。

▶日本人児童英語教師（JTE）のリードによる英語活動

　JTEが常にレッスンプランを立てる（私の場合はこのパターン）。ALTのリードによる英語活動と同様に担任教師は子供と同じ立場で参加したり、JTEのリードでレッスンに教師の立場で参加する。レッスンは主に英語で進められるが、日本語が混じることもある。JTEは1つの小学校に配置されることが多いので、年間の英語活動の時間が多くなる。この場合、ALTと一緒にレッスンすることはあまりない。

▶担任教師のリードによる英語活動

　担任教師がレッスンプランを立てるが、教育委員会が英語活動の1レッスンごとのマニュアルを作成している場合と担任教師が独自のレッスンプランを立てる場合がある。レッスンは主に日本語で進められる。レッスンパターンは3つ。担任教師1人、ALTと一緒、ALTとJTEと一緒とがある。担任教師による英語活動は日常的に行

うことが可能である。

　学校における「英語活動の日常化」は非常に良い点でしょう。毎日５分英語の歌を聞く、毎日１単語ずつ紹介するなど少しずつの積み重ねで学習を習慣化することができます。このような担任教師の英語活動は、スキルを磨くためではなく「親しむ・楽しむ」ことを前提としているので子供たちも無理なく受け入れてくれると思います。

小学校の英語活動の具体的内容は？

　現在小学校で行われている英語活動の内容というとどのようなことをやっているのか非常に気になるところです。いくつか種類があるので挙げていきます。

(1) ゲーム

　ある小学校教師が言っていました。「ほとんどゲーム。ゲームば

大切なのは具体的な活動計画

平松貴美子さん

全国の半数以上の小学校が取り組んでいる英語活動で一番問題にしなければならないのは「何を体験させるか」だと思います。各小学校でしなければならないのは目標づくりと具体的な活動計画の作成です。教えるのは担任でも、地域に住む英語が堪能な日本人に協力してもらってもよいのです。コミュニケーションは楽しいものであることを実感できる人間が、子供たちの「もっと知りたい」「もっとわかってほしい」を育成するのにふさわしいのではないかと思います。

（Education Network 英語教育コーディネーター）

かりやっているのよ。英語だけは授業じゃないみたい。英語は特別なのよ。」確かに英語活動にはゲームはつきものです。45分の授業をゲーム中心にしてしまうと、ゲームを行う準備に10分かかり、ゲームをする時間に30分使い、5分でまとめをするというような展開になりがちです。最近多く出版されている小学校の具体的な英語活動の例を見てみると、本当にゲームを紹介したものが多いことに驚かされます。そのゲームはだいたい次のようなものです。

1．聞くゲーム

　　主に先生のリードで多くの英語を聞いて行動する活動。例えば、サイモンセッズ（船長さんの命令）ゲームなど。

2．話すゲーム

　　子供たちが主体となって活動する時に自分から発話をして相手との対話を行う活動。例えば、インタビューゲームや簡単なQ―Aのようなゲームなど。

ここで考えたいのは、ゲームはあくまでも「手段」の一つであることです。ゲームに振り回されてしまってはせっかくの英語活動も台無しになってしまいます。「ゲーム性のある英語活動」という認識をもって取り組むことが大切だと思います。

(2) **歌・チャンツ**

英語活動の最初はだいたい歌・チャンツ。これはクラスを英語活動モードにするという効果をねらっています。しかしながら、この章のはじめにも書きましたが、ただ歌詞を拡大コピーしたものを黒板に貼ってテープを聞かせて歌うという活動には賛成できません。歌やチャンツから英語のリズムを体得してほしいので、教える側としては歌・チャンツをうまく次の活動につなげる工夫が必要となるでしょう。

(3) 絵本

　特に低学年には絵本の効果は絶大です。エリック・カールの「はらぺこあおむし」は児童英語には欠かすことの出来ない有名な絵本です。ALTやJTEの先生による英語活動のときには必ず使われています。

(4) 劇

　クリスマスなどのイベント用に簡単な英語スキット・英語劇をしている小学校もあります。子供たちはセリフを覚えなければいけないので、莫大な練習時間が必要となります。この活動は教える側も大変ですが、達成感は児童にも教師にもあります。

(5) ビデオ・CD-ROM教材

　ビデオ教材はよく使われています。NHK教育番組「えいごリアン」は15分編成なので手軽に子供たちに視聴させたり、英語活動の一部にも利用されています。各出版社が英語の歌のビデオ教材も出したりしているので歌詞の内容をビデオのアニメで理解することも

授業の基本は英語力

米田尚美さん

　小学校教師を目指す学生は純粋で素直。また発想が豊かで、活動的！　大学で児童英語の授業を受けた学生は、カリキュラムさえ整っていれば、きっと楽しい英語授業を展開する事ができるでしょう。問題は英語力不足。歌やゲームの研修も大切ですが、英語活動に必要な英語力を身につけることも重要であると痛感しています。せめて、授業で使う英語表現と教える単語やセンテンスぐらいは正しい発音とイントネーションで言うことができるようにしたいものです。

(岐阜聖徳学園大学講師)

できます。

(6) インターネット・Eメール

　今や国民の半数以上がインターネットを利用する時代です。子供たちにもごく自然にこのインターネットが浸透しています。最近ではコンピューターに強い先生のいる小学校では積極的に外国の友達とインターネットを通して交流しています。Eメールの交換はとても刺激のあるコミュニケーションですから今後もどんどん増えていくことでしょう。また、子供用インターネット英語学習サイトも続々とオープンしています。子供たちが望めばいつでも「隣に英語」という時代なんですね。

(7) 異文化理解

　外国の習慣や文化を理解する活動があります。この活動では地域在住の外国人を招待し、交流を深めるというものです。この場合は英語活動からは少し離れ、地域在住の外国人はお客様となり、子供たちが接待するという形のものが多く見受けられます。外国の人たちと一緒に楽しく過ごすというのがねらいになっています。少し期待するとすれば、その時に英語でコミュニケーションする姿勢を養うこともできます。

小学校教師のための児童英語研修

　今までも各団体、各地で児童英語教育研修は行われていますが、主に英語教室の先生をトレーニングするというものです。ここに小学校の先生の研修をする部門が生まれました。現在では児童英語教育に長年関わってきた英語教室、著名な先生方が全国各地で、小学校の先生のための児童英語研修を行っています。無料、有料とさまざまなスタイルですが、これらの研修に出席することが可能です。これらの多くは「子供への英語の教え方を学ぶ研修」ですから、小

学校の先生自身の英語力アップには即つながりません。英語力は自力で学んでいく必要があります。各都道府県の教育委員会主催で研修を行うところも多くなってきています。

英語教室へ通っている子といない子の差

やはりこの「差」は存在します。でも英語力に関してはあまり差が広がる心配はないでしょう。小学校での英語活動は「差」を披露する場所ではないからです。

私自身も教えていて「差」を感じたことがあります。まず、英語活動に関わる態度が違うということです。英語教室に通っている子たちは比較的積極的です。レッスンが終わってからも私のところにきて、自分の知っている英語で質問をしてきます。How old are you? Do you like dogs? などを使っています。もちろん、日本語でも話しかけてくれます。英語教室で習っていることが彼らの自信になっていることは間違いありません。英語活動に関わる姿も自信にあふれています。また帰国子女も何人もいるのですが、彼らの態度からも積極性があふれています。一方、英語教室へ通っていない子たちも活動自体がとても楽しいものであれば積極的になります。「差」が出るのは、英語力がついたかどうかを確かめるような活動の時です。やはり自信のないことはやりたくありません。彼らは自分の得た英語の知識にはまだまだ自信がないのです。ましてや正しいことをやらないと皆から笑いものになる…という気持ちをもってしまいます。英語教室に通っていない子にとっては初めての英語活動になるので、そんな短い時間に簡単に習得できるはずもありません。この点については、私も以前大失敗してしまったことがあります。その時には英語が初めてで何をやったらいいのかわからなくなってしまった子が他の子にせかされても出来ずに泣いてしまったのです。

「あっ！この活動は大失敗だわ。」と私は深く反省しました。やはり私は「英語屋」のクセがでてしまい、到達度を測るような活動をしていたのでした。小学校での英語活動は「誰もが楽しめる英語活動」でなければいけません。一人でも分からないと泣いてしまうような活動は失敗です。もちろん、ゲーム自体で負けて悔しくて泣くことはかまいません。ゲームで負けることで子供自身がどのように英語を使えば勝てるかということを次々と考えていくでしょうから。

公立小学校での英語活動への期待と展望

　本来、英語などの語学学習というのは地味な学習の積み重ねで習得されていくものです。壁にぶつかると、その都度乗り越えていかなければなりません。私たち日本人にとって英語は全くの「外国語」です。この「外国語」を日本に住みながら習得するためには、莫大なお金と時間がかかることでしょう。事実、英語が必要となった会社員のお父さん方も時間を見つけては英会話スクールに通う人も大勢います。そして習得には苦しい勉強を続けていかなければなりません。でもお父さん方は英語が仕事上どうしても必要になったからという大義名分があるとはいえ、英語を学ぶ楽しさ、英語でコミュニケーションする楽しさを自ら感じているのではないでしょうか。

　子供たちは「英語を話す」という必要に迫られてはいません。また習得しなければならないという必要もありません。このような子供たちに英語を無理やり学習させようとしてもそれはとうてい不可能だと言えるでしょう。そんな中で2002年春からの「小学校の英語活動」は英語を体験する機会を与えています。いかに子供たちに「英語に興味をもたせるか」というところからの出発だと思いませんか？　「公立小学校の英語活動」はすべての子供たちに平等に「英語への興味・関心」、「異文化理解への第一歩」、「英語でコミュ

ニケーションする姿勢を養う」ものであると思います。ですから、小学校で英語が始まったといって、あまり期待しすぎるのもいけないような気がします。あくまでも「第一歩」であるという認識は必要でしょう。

　しかしながら、2002年から「小学校の英語活動」が始まったことで小学校自体が今までとはガラリと変わりました。ALTが市町村に多く存在するようになったり、私のように外部から英語講師が派遣されたりするようになりました。また、地域のボランティア講師として英語活動に関わりたい人も多く出入りするようになりました。「英語」という媒体を通して小学校も地域の外国人と交流しようとする姿勢をもち、実行するようになり、地域に開かれた小学校になりつつあるように思います。これは大変良いことだと感じています。

　小学校教師の人たちも自分たちでできる英語活動を模索中です。私は小学校教師の人たちには、黒板に色紙を貼って、What color is this? It's red.などを児童と会話するような「英会話教師」になってほしくはありません。むしろそのような会話のレッスンは必要ないと思います。もっと深い所で児童とコミュニケーションを図りながら英語活動ができるのは担任教師の特権です。児童と日常的に関わりながら「気の付いた事をテーマ」に毎日少し英語と絡ませていけばよいと思います。毎回45分の英語活動を成功させなくてはいけないというプレッシャーを感じるよりも、もっと気楽に取り組むことができるのではないでしょうか。

第5部 子供のための英語教材

たくさんあって迷ってしまう教材選び
良い教材かダメな教材かを徹底評価

セット英語ビデオ教材について

　今回セット英語ビデオ教材について各社比較をさせていただきました。まずどの会社も共通しているうたい文句は、「幼児期の脳の発達」です。確かに英語の音を入れるには幼い頃からこまめに英語の環境を作って英語の音を聞かせてあげることが大切です。またパンフレットには良いことばかり書いてあります。

　しかしながら、たくさんの教材を一度にお母さんが使いこなせるはずがなく、何十万円も払って一つのセットを購入する必要はどこにもありません。大人になってから真剣に英語を話したいと思って学習すれば英語を話すことは可能ですし、正しく発音してコミュニケーションを取れる英語が話せることができればOKでしょう。

　セット英語ビデオ教材に関しては星五つという評価はありません。この教材を使えば間違いなしというものはないからです。値段的にみたり、この内容だったら良しという点を重視して評価してあります。

　内容は言語習得的な面、子供への興味付けの面、アフターケア面、販売会社の対応度などを総合的に判断いたしました。

調べてみるとセット英語ビデオ教材に関しては次のような特徴があることがわかりました。

1. ビデオセットに多種多様な「おまけ」をつけて販売している。
2. ビデオセットのみを販売している。
3. ビデオセットとカードリーダーをメインとして販売している。
4. アニメ童話・物語の英語版をビデオにしている。
5. それぞれ「おまけ」はカード、ブロック、ワークブック、ペンなど。

役に立たない「おまけ」が非常に多いのです。子供の英語習得過程を考慮すると、まず大切なのは英語の音、リズム、丸ごとフレーズで覚えることが重要ですので、単語だけ一生けんめいカードリーダー機でリピートしても成果はあまりないでしょう。自分で考えて発話できるようにならなければ英語を話すということにはなりません。無論そうするためには英語に触れる時間数をとにかく多くとって、英語の表現をいくつも繰り返すことが必要です。日本に住んでいる子供の英語をネイティブ並の発音まで期待しようとするのであれば、親が英語環境を設定する量によって決まります。

　とにかく値段が高いから良い教材とは限らないことを念頭に置きましょう。このような英語教材を購入する際は心がけてほしいことがいくつかあります。

- ●セット教材を購入した時が英語教育のスタートではない！　子供に英語の音を聞かせてあげたいと思った時にすでにスタートしていると考えましょう。
- ●セールストークはどの会社も同じです。幼児期の脳について書かれているものが多いです。
- ●何がメイン教材なのかよくわからないセットもあります。
- ●安価なビデオ教材は他にも山ほどあります。自分で集めていくのも楽しいでしょう。
- ●親自身が使いこなせると思うセットを選びましょう。使わなければもったいない！
- ●別売り可能な会社の方が良いです。
- ●アフターケアをするサービスのある会社が良いです。

　親にとってビデオ教材はビデオの電源を入れるだけで子供が食い入るように見てくれるので楽な教材と言えます。3歳児でも30～40

分のアニメビデオを喜んで見ていますし、その間親は家事や仕事をすることができます。

　しかしながら、児童英語教育者としては「そんなに高価なセット英語ビデオ教材は必要ない！」と断言しますが、もし私自身が購入するとしたら、値段も考慮すると下記のように選択するでしょう。段階を順に踏んでいくのが大切なことです。

1. まず動機付け。子供に英語は楽しいものだとイメージさせる。例えば…
    → えいごとともだち　アルクのabc
    → 歌やチャンツのCDを聞かせる。（市販の物で十分です。）
    → CD-ROMの英語ゲームやインターネットの英語学習サイトで遊ぶ。
2. 次にアニメ童話・物語・英語絵本。一つの物語をじっと見て忍耐力を付けながら英語学習できる姿勢を養う。例えば…
    → ブックローンの世界の昔ばなし（他にももっと安価な同様のセットがあるが値段が手ごろな点から選択）
    → 英語絵本をCD、カセットでネイティブの音を聞かせる。また、親自身が英語で読んであげる。（安価なものは多数ある）
3. そろそろ英語学習を本格的にスタートしたいなと思い始めたら、フレーズトレーニングをする。例えば…
    → ディズニーのトークアロングセット（購入後はディズニーのいろいろなサービスを受ける。）
4. 学習ばかりではつまらないので意味の分かる楽しいビデオを与える。例えば…
    → マジーとともだち
    　セサミストリート（テレビ番組を自分で録画して使えば十分事足ります。）

高価なセット英語ビデオ教材を購入して、英語で自分の気持ちをペラペラと話している子供たちの多くは次のような親の努力があったのでしょう。ただし、親の努力の仕方は並々ではありません！

- 親が英語教材を購入と同時に、親自身が英語に興味をもつようになった。その結果、子供にも良い影響が見られるようになった。つまり、子供も英語に興味・関心を持つようになった。
- 英語に触れることが出来る環境を子供に常に与えていたので、子供自身の遊び道具の一つとして、「英語の音のでるオモチャ」が子供たちが手で触れる距離にあった。子供たちは勉強としてではなく、あくまでも「オモチャ」としてよく遊んでいた。
- 童話や物語のビデオは、「あっ、このお話見たい！」「あっ、このお話知ってる！」などと子供の生活環境のいたる所で見ることができるので、家に帰った時もビデオを何度も見たいという気になる。その結果、何度も同じ英語表現を聞くことができるので記憶に残りやすい。

一般のご夫婦の意見

足立真二さん・初美さん（子供2人）

英語は沢山の習い事の一つです。娘には「英語を学ぶ楽しい気持ち」を持続させたいですね。本人が望めば留学もOK。これからはどんな職業でも英語は必要だと思います。子供時代の多種な経験は成長過程においても良い影響があるので、外国人の子供達との交流などを小学校で行なってくれたらいいですね。今は娘のきれいな発音を聞くと嬉しくなります。両親は英語が全くダメなので、近い将来「英語を話す娘」と一緒に海外旅行したいですね。（39歳、美容師）

● 10歳までに英語教材が家にあったこと。10歳を通りすぎると繰り返しが非常に難しい年頃になる。そのため、リーダーカードやビデオで出てきた英語表現を口に出してリピートすることが不可能になる。10歳までに英語教材があると、親が無理に発話させようとしなくても、子供が自然に口に出して、リピートする。その時の親の態度が非常に重要になる。ほめること！　とにかく「ほめる」！　子供はほめられて嬉しくなり、くどいくらいに繰り返し聞いていた。
● 積極的に外国人と触れ合う機会を作った。英語のイベントや同じように英語子育てをしているお母さん方と知り合い、お互いを励ましあって英語教育に前向きに取り組んだ。

セット英語ビデオ教材は、別の表現をするならば、いきなり一流ホテルのスィートに泊まって至れり付くせりのサービスがいつでも受けられるという部屋に座らせるようなもの。サービス料が高いということです。自分で英語の教材を歩いて探し回るよりも、すでに「これはいいものですよ。」とセットを紹介してくれれば楽ですからね。購入してみて意外に利用価値がないとショックを受ける前に、自分の生活にその都度取り入れていきたい教材を順に購入していけば良いのではないかと強く思います。手ごろな値段の教材は山ほどあります！

DWE ディズニーの英語システム

●¥39,000〜250,000（価格はセットにより異なる）／ワールド・ファミリー

教材内容
基本的な教材セット
絵本＋CD
ビデオまたはDVD
音の出るカード（510枚）
ソング（CD＋テキスト）
アクティビティ（教材と連動した遊具）

おすすめ度 ★★★★☆

〈充実したアフターサービス〉ご覧のように値段もさすが、内容もさすがというべきだろう。たいていの販売会社が売りっぱなし状態なのに比べ、ディズニーはアフターケアがかなりしっかりしている。英語イベントが年間1000回以上も行なわれているのはすごいことだ。週一回の外国人講師電話インタビューレッスンが出来る点も評価すべきサービスである。またこのディズニーには「卒業」というものがある。全課程を修了すれば「卒業」できるのである。子供のヤル気を伸ばす手段ともなるし、親のヤル気も伸ばすことができる。

しかしながら、言語習得を考慮した内容の教材は他にもあふれるほどある。ディズニーの英語教材だけが優れているというわけではない。ディズニーはどのように教材を使うか、またどのようにインプット、アウトプットさせるのかというサービスが良いのだ。このサービスによって毎日英語に触れる機会が増え、親子で英語イベントに参加する楽しみがある。ディズニーのキャラクターたちがビデオの中で子供たちに語りかけることもヤル気を起こしているのだ。

セサミえいごワールド

● ¥282,000／いずみ書房

教材内容
コンプリートコレクションシステム
ビデオ　全13巻　またはDVD　全7巻
ガイドブック　7冊　英語歌CD　2枚

トーキングリピートシステム
リーダー機　1個　カード　300枚

プレイキッズシステム
A4版ピクチャーディクショナリー　1冊
英単語CD　1枚
アクティビティブック　3冊
フォニックスかきかたボード　30枚
イレイザー付水性ペン　5本
保護者用総合ガイドブック　1冊

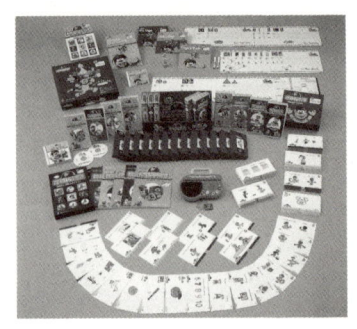

おすすめ度　★★★★☆

©2002 Sesame Workshop (New York). Sesame English and the Sesame English Logo are trademarks of Sesame Workshop. All rights reserved.

〈内容は文句なし、セットをうまく利用しよう〉このセット教材はビデオ・DVDがメイン。このセットのビデオ・DVDはさすがセサミストリートであると納得した。ナチュラルスピードの会話にもきちんと英語の言語習得過程を取り入れている。また、子供に楽しいと感じさせる工夫もある。よく1本の中に20分も満たないビデオもあるが、このセサミはビデオ55分、DVD100分である。十分お得だ。セサミストリートは子供が学ぶ単語・フレーズを本当にうまく英語教育にのせている。これだけの簡単なボキャブラリーでよくまぁこの内容を制作できるものだと本当に感心せざるを得ない。しかしながら、いくら質の良いビデオでも観ているだけでは英語習得は望めないので、このセットにはトーキングシステムが付いてくる。子供が何度も聞いてフレーズをリピートするうちに「自然な英語の音」を身に付けさせたいというのが狙いである。カードは一枚からでも交換、再発行してくれるサービスがある。また、プレイキッズシステムのフォニックスかきかたボードは何度も使えるのでお得である。セサミビデオだけ欲しい人はNHKテレビ番組を録画するしかない。

マジーとともだち

● ¥32,800／BBC

教材内容
ストーリービデオ（英語版）2本
（各30～40分）
ストーリービデオ（日本語版）1本
ボキャブラリービルダービデオ（英語）
2本（各40～50分）
ストーリーオーディオカセットテープ
（英語）2本
スクリプトブック
ご両親へのガイド
アクティビティブック

おすすめ度 ★★★★☆

〈シリーズ化してほしい内容〉「英語への興味付け、英語を一度にたくさん聞く」という観点から見ればお得な商品である。安価な値段でこの内容ならかなり良い。BBC制作だけあってかなり英語習得を意識して作られている。すごいのは余分な英語が出て来ないこと。英語を外国語として学ぶ日本の子供にも分かりやすいだろう。必要最低限の英語の文章を使ってアニメ物語を完成させているところがさすがというところだ。気になる点は、アニメ画像が全体的に暗いこと、キャラクターの話す英語がクリアに聞こえない時もある。しかしながら、英語の質を保ちながらぜひシリーズ化してほしい商品である。英語のストーリービデオ2本以外に日本語のビデオもあるので両方楽しむことができる。5年生の子供たちと一緒にビデオを観たのだが、彼らも十分楽しんでストーリーを追っていた。「先生、マジー2はないのぉー？」と言う始末。こんな単純なストーリー展開でも、子供たちが理解して観るのを楽しみにしているとは驚きだった。

えいごとともだち　アルクのabc

●各巻￥980（全24巻）／アルク

教材内容：ビデオ　1本（約12分）
工作キット　1点
ABCウレタン　1点

おすすめ度 ★★★★☆

〈手軽に買える教材〉良い点は手ごろな値段、選択購入できること。就学前幼児向きなら「英語を楽しむ」という観点からするととても良い。内容も悪くなく、歌、リズムも豊富である。全部で24巻あるが、好きな号から別々に購入できるので手軽に英語の環境を作ることが可能である。常に時代にあった英語教育を模索しているアルクなので、各巻が新鮮な内容で構成されている。単純計算で全セット購入すると￥23,520だ。高い教材が必ずしも良いものではないことを証明してくれたと思う。ただ娯楽性が高いので英語学習を真剣に考えている親には不満足かも。

　子供の英語学習は忍耐力も同時に育てていかないと長続きしないものだし、習得するためには子供自身の努力も必要である。工作キットは英語とは関係なく遊びの目的で使われてしまうことが多いだろう。英語に関するアクティビティセットなら納得がいくのだが。「英語への興味付け」として利用すると良い。

ポップ アップ イングリッシュ

●¥49,800（消費税・送料込み）／ソフィア教育研究所

教材内容
カードリーダー機　1個
磁気カード　310枚
ポスター　1枚
ワークブック　1冊
音声認識ソフト（別売）

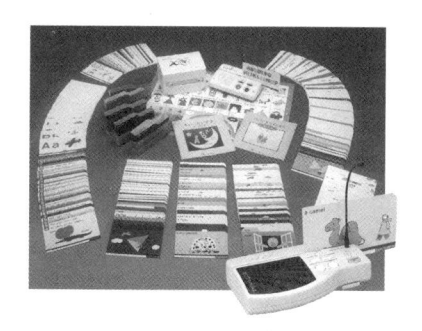

おすすめ度　★★★☆☆

〈カードリーダー機としておすすめ〉カードリーダー機だけ欲しい人ならお買い得商品だろう。普通はセット教材の一部の商品として市場に出回っている。磁気カード310枚のうちの「フォニックス」、「早口言葉」、「言葉遊び」のチャンツが良い。歌も入っているが、磁気テープの容量が少ないため一曲が二枚に分かれてしまっているのが残念。ワークブックはおまけ程度の内容である。付属にコリンズの音声認識ソフトが利用できる仕組みがあり、発音トレーニング機として利用も可能。カードの紙質は普通。この310枚のカードを全て聞きこなすには時間がかかるかもしれない。単語だけ何度も聞くよりも文章になっている英語を何度も聞いて、英語のリズムに慣れることが最も大切である。子供が気に入っているフレーズを実際の場面で使えるような工夫を家庭の中でも作ってもらいたい。また、カードリーダー機の機能は、最近ではマルチメディア教材ですべてカバーできるようになっている。

FUN FUN KIDS

●セット特別価格(セット1+2)¥26,600(送料、税込)/ECC

教材内容
セット1:ビデオ4本(各20分)
¥13,600(送料、税込)

セット2:ビデオ4本(各30分)
¥14,600(送料、税込)

おすすめ度 ★★★☆☆

〈英語教室制作のビデオ教材〉初めて英語に触れる子供たちによいビデオだ。セット1では遊び、手伝い、食物、生活、セット2ではThe city, Animals, Food, Natureと合計8本。幼児向き英語学習ビデオとしては値段が安価な点も良い。ゆっくりした展開なのでしっかり英語を楽しめる。歌とダンスのビデオなので、アクションをまねできて楽しくお遊戯できるだろう。英語への興味を引くために使うと良いビデオだと思う。「英語を丸ごと覚える」という幼児特有の能力をフルに活かしたいところだが、その前段階の「興味付け」に利用すると良い。

アニメを観るようにストーリーを楽しみたい年齢の子供には少し物足りなさを感じる。子供たちは創造力が豊かなので、ビデオ内容も次にワクワクするような展開を残しながら作ってあると良いと思う。ECCは英語の4技能をしっかりお勉強させる教室である。言わば英語教室の老舗。独自に培った英語教育内容で今後も新しいシリーズをどんどん出してくるだろう。

ジュニア英会話ハッピートーク

● ¥153,400／アスク

教材内容
創作絵本（英語学習用に制作されたもの）26冊
世界の名作絵本　8冊
歌の絵本　5冊
カセットテープ（それぞれの絵本に付属）
アクション絵本　1冊
ワークブック　8冊
カード　192枚
ABCポスター　1枚

おすすめ度　★★☆☆☆

〈絵本を音声で楽しむ教材〉創作絵本の内容に関してはMLS英語教室（モデル・ランゲージ・スタジオ）が協力、執筆もしているので「子供の英語教育」向きに制作されている。テープには効果音もあり、子供が楽しめるよう工夫されている。絵本は親が子供に読んであげながらコミュニケーションを取る手段なので、テープの英語だけに頼らず、親自身が英語で読んであげても良いだろう。ネイティブの英語、親の英語の違いを子供が聞き取ることができれば英語の耳ができている証拠になる。幼児には、名作絵本を英語で楽しむことは大変良い。英語教育用の創作絵本は果たして子供の心に残る物語の一つになるだろうかという疑問もあるが、あくまでも「音」のインプットの教材として利用するとよい。日本の環境では自然に英語の音を聞けないので、英語の音声付絵本を毎日聞き続けることが英語の音を聞き分ける能力が育つ近道だろう。

日本と世界の昔ばなし

● 各セット￥40,200（税込）／ブックローン

教材内容
えいご日本の昔ばなし　全10巻（1巻約22分）
もも太郎　ぶんぶく茶がま　かぐや姫　ちから太郎　かさじぞう　天狗の羽うちわ　したきりすずめ　さるかに合戦　うらしま太郎　こぶとりじいさん
訳付き英文シナリオ　10冊

えいご世界昔ばなし　全10巻（1巻約23分）
3びきの子ぶた　ブレーメンの音楽隊　アリババと40人のとうぞく　長ぐつをはいたねこ　ねずみの嫁入り　はだかの王さま　そんごくう　ジャックと豆の木　ガリバー旅行記　シンデレラ
訳付き手引書　10冊

おすすめ度　★★★★☆

〈童話の教材はこれで十分〉この値段で10本のアニメ童話物語が購入できるのならとてもお得である。平易な英語で習得過程を考えて作られている。「英語を丸ごと楽しむ」のなら良いビデオだ。よく知られている内容の物語がほとんどであるため内容がわからなくて「つまらない」という感情が子供には起きないだろう。アニメ童話物語を英語で見たいならこのセットで十分だ。また英語文は松香フォニックス研究所のスタッフが関わっており、日本の子供向けに作られた英語アニメと言える。20分余りの1本のビデオに英語版、日本語版の同じ物語が入っている。英語だけでなく、日本語の教育も大切だという配慮がうかがえる。子供は丸ごとインプットするというポイントをおさえたビデオだ。安価な点も評価が高い。他の教材によく見られるのだが、場面別に「英会話」をする英語教材は子供の言語習得能力から考えても役に立つとは思えない。子供が実際の場面で経験しながら言語を習得することは学者によって明らかにされている。アニメ童話は子供の発達段階を考慮した「楽しく英語を聞くことができる教材」と言えるだろう。

Hello English　パフ

●全セット価格¥195,000（税込）／ブックローン

教材内容
Chick Chick Hello English：
全20巻（絵本20冊、CD5枚）、
プレイロック―アルファベットブロック
（200個）
¥100,000（税込）
※DVD版の場合¥4,000アップ

Hello English：
全8巻（絵本8冊、CD4枚）
¥44,600（税込）

ビデオ・カロリーヌとなかまたち：
全12巻、対訳シナリオブック12冊
¥50,400（税込）

おすすめ度 ★★☆☆☆

〈各内容を検討して購入すべき〉Chick Chick H.E.のDVD版はシンプルな画像で全20巻のスキットが進む。各巻には歌もある。0歳～3歳児位のレベル内容なのだが、文字を入れてある。少しねらいすぎの英語フレーズが気になるものの英語学習をねらったスキットは物語の中に自然に登場している。ロボットのペンタくんと冒険していく物語になっているセットは値段も手ごろだし、冒険をするという内容も楽しむことができる。「カロリーヌとなかまたち」はナチュラルスピードに慣らす目的であれば良いビデオだ。幼児向きビデオなら、面白いストーリーに英語学習要素をのせて展開するものが良いだろう。幼児には「英会話」練習の場面は必要ないと思うからである。「丸ごと覚える」ことが幼児の特性を活かすことになる。この点を考慮すると、カロリーヌとなかまたちはオススメできる。しかしながら、5・6歳には「意味がわからない」と言われる可能性がある。ナチュラルスピードで展開するのなら、物語自身をかなり面白いものにして子供を魅了させる必要があるだろう。

単品英語ビデオ教材について

　単品で購入できるビデオはセット英語ビデオ教材と異なり、とにかく安価です。いろいろなタイプの英語ビデオを集めるという楽しみもあるので、英語が好きなお母さんは一品ずつ購入すると良いでしょう。特に「リチャード・スキャリー」は平易な英語でナチュラルスピードの英語に慣れることができます。小学5年生でも30分のビデオは食い入るように見ていました。アニメだけで十分意味が分かるように作られており、英語も聞き取りやすい人気ビデオです。

　「ベイビー・シェイクスピア」は私自身も興味津々で購入したビデオですが、正直に言うと、少しがっかりしたビデオでした。確かに幼児期に英語を聞かせるということは英語の音の認知としては大切なことです。また、クラッシック音楽は英語の音の周波数と酷似しているため、英語が聞き取りやすくなる脳の回路などを形成するということです。しかしながら、部屋に座ってじっとこのビデオを見ている赤ちゃんって不気味です。赤ちゃんは本来、目と耳だけでなく、体全体で様々なことを経験していくわけですから。部屋でじっとこのビデオを見せるだけでなく、子供が楽しく活動できる工夫をしてほしいと思います。

　ビデオは教材を購入する以外に、自分でテレビ番組を録画して作ることができます。下記のテレビ番組であれば、無料で良い内容の英語ビデオを作れますよ。

- ●セサミストリート
- ●えいごリアン
- ●Bear In The Big Blue House
- ●ライオンたちとイングリッシュ
- ●英語であそぼ！
- ●テレタビーズ

Richard Scarry's Best ABC Video Ever!
（リチャード・スキャリー）

●¥1,650（参考）／Random House

30分のビデオ。猫のハックルとペットのロウリィが学校へ行ってアルファベットABCとそれぞれの文字で始まる単語を学んでくるというストーリー。とても分かり易くきれいな音が良い。余分な効果音が入っていなくて落ち着いてビデオを見ることができる。自然に英語が耳から入って来るというのはこういうことかと納得できる感覚になる。このビデオシリーズは他にもいろいろある。どれもおすすめ商品である。

おすすめ度★★★★★

Maisy's Friend（メイシー）

●¥2,140（参考）／Universal Studio

鮮やかな画像でねずみのメイシーが友達と毎日過ごしている内容。メイシーや他の登場人物が英語を話すのではなく、ナレーターの語りかけ方式で物語が進む。特に英語という言語習得をねらったものではないのだが、唯一聞こえる英語がナレーターだけというのは少し寂しい。

おすすめ度★★☆☆☆

Barney Songs（バーニー）

●¥2,470（参考）／The Lyons Group

ぬいぐるみキャラクターのバーニーが教室の中や外で子供たちと一緒にダンスしながら歌う50分間のビデオ。アメリカらしいポップなリズムの英語歌ばかり。歌の振り付けを見ながら、一緒にダンスできるだろう。次から次へと歌ばかりなので、少々くどいビデオかもしれない。バーニーシリーズはとてもバラエティに富んでいる。

おすすめ度★★★☆☆

第5部　子供のための英語教材

Dr. Seuss Hop on Pop（ドクター・スース）
●¥1,450（参考）／Random House

ドクター・スースシリーズは好き嫌いのはっきり分かれるビデオである。独特の絵のタッチ、紙芝居風の画面展開が好きな人にはいいだろう。フォニックスを強く意識したストーリーがドクター・スースの特徴である。1本に3ストーリーが入っている。ドクター・スースはビデオよりもむしろ絵本をおすすめしたい。

おすすめ度★★☆☆☆

Blue's Clues Rhythm and Blue（ブルー）
●¥1,650（参考）／Nick JR.

犬のブルーは英語を話さないが、スティーブ兄さんに足跡で3つのヒントを与えてその日の歌や遊びを当てさせるというパターン化した内容。スティーブ兄さんが話す英語も平易で分かりやすい。展開も速く子供を飽きさせない工夫がされている。0歳～小学校低学年向き。

おすすめ度★★★★★

Thomas Sing-Along & Stories（トーマス）
●¥2,140（参考）／HGV

歌の英語が複数人数で歌っているものははっきり聞き取りにくい。トーマスの画像は子供が喜ぶだろうが、英語学習向きのビデオではないようだ。しかしながら、ストーリーテラーの話す英語を聞きながら物語が進むのでナチュラルスピードの英語を楽しむことができる。

おすすめ度★★☆☆☆

ポケモン de イングリッシュ！
●¥5,940／小学館プロダクション・メディアファクトリー

アメリカで現在放送されているポケモンをビデオ化したもの。途中に英語学習のような展開がある。会話は速い。ナチュラルスピードで英語を聞かせてあげたいのならこのビデオは良い。ポケモンアニメは画像やキャラクターに子供たちは魅了される。効果音が大きいので英語自身が聞こえにくい時もある。3巻セット。

おすすめ度★★☆☆☆

It's The Great Pumpkin, Charlie Brown（チャーリー・ブラウン）
●¥1,800（参考）／Paramount
強烈なキャラクターたちが繰り広げる物語は笑いを誘う内容である。子供同士の自然な会話なのでナンセンスな展開もあるが、ナチュラルスピードで英語を聞く良い機会となるビデオだろう。英語学習というビデオではない。英語を楽しむビデオと考えると良い。

おすすめ度★★★☆☆

Sing Along Songs: Very Merry Christmas Songs
●¥2,000（参考）／Disney Home Video
クリスマスソングビデオとしては最高の出来と言える。ディズニーのキャラクター、物語に合わせて13曲のクリスマスソングが文字とともに見られる。子供だけでなく大人も十分楽しめるビデオである。

おすすめ度★★★★★

Baby Shakespeare（ベイビー・シェイクスピア）
●¥3,800／Edute
4歳対象までとあるが、4歳児にこの内容は単純すぎる。クラッシック音楽、蛇のキャラクター、ポエム、英語単語と文字の合わせたものにすぎない。シリーズもあるが、一本の値段が高い。30分ビデオだが、宣伝を省くと20分弱である。

おすすめ度★☆☆☆☆

それいけ！アンパンマン　えいごランド
●¥20,000／いずみ書房
これは面白いビデオ（全4巻）である。日本語と英語で進んでいくが、アンパンマンとばいきんまんの繰り広げる世界が楽しい。英語への動機付けになる幼児向きビデオである。

おすすめ度★★★☆☆

第5部　子供のための英語教材

テレタビーズ
●¥2,140〜（参考）／BBC

繰り返しが多いので眠くなるかもしれない。TV放映されているので特に購入しなくても良いと思うが、ビデオは字幕スーパー付きの特別編である。0歳〜3歳児向きだろう。

おすすめ度★★★☆☆

えいごリアン（1・2）
●各¥3,200／NHK（販売：いずみ書房）

NHK教育で放映されている「えいごリアン」のビデオ版（各60分）。小学校3・4年生向き。私もレッスンに利用しているが、内容が面白い上に言語習得、子供の興味などを考慮して制作されている。イタリアで教育賞も取得している作品。マヨケチャアニメは子供たちに人気がある。

おすすめ度★★★★★

英語であそぼ
●各¥2,800／NHK（販売：いずみ書房）

英語を楽しむ、英語に親しむを目標にするだけなら良いビデオだ。幼児向き。NHK教育で放送されている。英語と日本語がスキットの中で交互に出ている。幼児も登場するので身近に感じやすい。

おすすめ度★★★★☆

英語絵本、CD・カセット英語絵本について

　日本人の子供にとって英語絵本は「美しい絵を見て楽しむ」ものでした。近年、児童英語教育が盛んになるにつれ、CDやカセットが付く英語絵本は「美しい絵を見て聞きながら読む」ものになりました。私は英語教室でよく英語絵本のテープを聞いてくるのを宿題にしますが、子供たちはすぐにそのページの英語をネイティブの発音通りに言うことができるようになります。これは毎日聞いてくるという宿題の賜物ですね。文字の少ない絵本からスタートして、だんだんと子供たちのレベルに合わせ、文字数の多い英語絵本を与えると良いでしょう。

『英語絵本を楽しむテクニック』
- ●英語絵本をくりかえし聞いて読んだ上でオープンゲームをしましょう。
  方法：お母さんがあるページの英語を読んで、子供に読んだページを開かせます。また、反対に子供が読んだページをお母さんが開きます。お菓子などでカウントすると良いでしょう。
- ●英語絵本のページの絵を探すゲームをしましょう。
  方法：お母さんが英単語を言って、子供にその絵を探させます。見つけたら交替。今度はお母さんが子供の言う英単語を探します。数人の子供たちがいれば、最初に見つけた人が勝ちというゲームを楽しむことができます。
- ●英語絵本を元にして、オリジナルの英語絵本を作りましょう。
  方法：これは自由に作成できますから、主人公の名前を子供の名前にしたり、色を少し変えたり、工夫してみてください。

英語絵本

my first jigsaw book —farm—
●各¥1,130（参考）／Cambell Books
特に小さな幼児におすすめ。ハードカバーの本で、5ページ内にジグソーパズルがはめ込んである。このシリーズは他にも、my day, playthings, zoo がある。触って楽しむ英語の絵本だろう。英語の文字は絵的に覚えると考えよう。

おすすめ度★★★★☆

Spot Goes to the Farm（コロちゃん）
●¥1,190（参考）／Picture Puffins
日本語名「コロちゃん」の名前で知られている絵本シリーズ。絵も文字も大きくて読みやすい。さらに隠し絵（フラップ式）になっているので子供が絵本に興味をもちやすい。このシリーズではたいてい動物が出てくる。特に英語学習をねらった本ではないが、英語の文字も大きいので絵的に形を覚えることができる。

おすすめ度★★★★☆

Blue Is My Name
●¥820（参考）／Simonspotlight／Nick Jr.
この絵本は「読む力」を伸ばすために非常によく考えられて構成されている。レベル別になっているので子供の英語レベルに合わせて選択できる。シリーズは、プレレベル1：Recognizing words、レベル1：Starting to read、レベル2：Reading Independently、レベル3：Reading Proficientlyに分けられている。

おすすめ度★★★★★

Where's The Halloween Treat
●¥980（参考）／Picture Puffins
ハロウィーンに読むと楽しいフラップ絵本。いろんなお化けに変装した子供たちが近所の家を訪れてお菓子をもらうという話。最後は皆でハロウィーンパーティをする。英語の文字は小さいが、数字、ハロウィーンの単語、Trick or Treat、などを学べる。

おすすめ度★★★★☆

Today Is Monday
●¥1,570（参考）／Puffin

私の大好きな絵本である。作者はエリック・カール。月曜日から日曜日、動物、食べ物などが物語に出てくる。2ページに渡る大きな絵が印象的。歌になっているので、読んだ後は歌を覚えて歌うと楽しい。私のレッスン中にこの絵本を出すと子供たちは大喜びする。何度読んでも楽しい一冊である。またこの絵本で英語の言葉をたくさん教えることができる。

おすすめ度★★★★★

The Lady with the Alligator Purse
●¥850（参考）／Little, Brown & Company

ナンセンスな物語が好きな人におすすめ。意外性があって楽しい。簡単な英文だが、最後まで同じような文ではないのでリズムをとって読むことはできない。しかしながら、オリジナルのAlligator Purseを作って、物語を展開するにはよい絵本である。

おすすめ度★★★☆☆

Five Little Monkeys Sitting in a Tree
●¥850（参考）／Clarion Books

Five Little Monkeysシリーズは全部で4冊ある。この本もライムになっていて読みやすく、リズムをとりながら読める。ピクニックに出かけたおサルたちがワニに一匹ずつ食べられちゃったの？という話。ページ全体が絵なので見やすい。簡単な英語文である。

おすすめ度★★★★★

Where Is My Broom?

●¥560（参考）／Grosset & Dunlap

簡単な英語文で途中に絵をはさむリーバスタイプの絵本。この絵本の巻末には絵カード作りを楽しむ趣向が凝らしてある。絵本をとことん楽しむような工夫があるので家に一冊あっても無駄にならない一冊だろう。

おすすめ度★★★★★

Alexander and the Wind-Up Mouse

●¥760（参考）／Scholastic

多くの賞をとっている名作本。英語文はやや難しいが、内容が素晴らしい。Wind-Up Mouseはネジ巻き式のねずみのこと。一匹のねずみとネジ巻き式ねずみの出会い、友情、思いやりは子供の心を優しくしてくれるだろう。長い英語文だが、英語を日本語に訳しながら読んであげてもいいと思わせる絵本である。

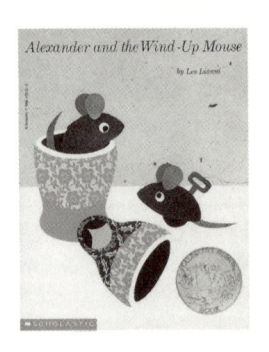

おすすめ度★★★★★

When Bluebell Sang

●¥980（参考）／Aladdin Books

私のお気に入りの一冊である。英語文は長くてやや難しい。しかしながら物語はとても面白い。きれいな声で歌のうまい牛の名前がブルーベル。ある日商人がウワサを聞きつけてやってきた。そして彼女はいつしか見世物に…。帰ることができないブルーベルはある作戦を思いつき実行。そして無事農場へと戻れた。ページをめくる楽しみがある本なので、読む力をつけさせたい時に良い本。

おすすめ度★★★★★

112 子供のための英語

My Book about Me
●¥2,100（参考）／Collins

ドクター・スースの絵本。この本は普通の英語絵本と趣向が異なる。「自分に関する内容を記す本」だ。子供たちが自分に関する情報を下線部に書き込む。60ページ余りある。英語を書かなければならないので、日本では4年生以上向きだろう。しかしながら最初のページ内容は簡単なので低学年からでも大丈夫である。一冊出来上がる達成感のある絵本である。

おすすめ度★★★☆☆

Bears in the Night
●¥1,300（参考）／Collins

前置詞を理解させたい時に読むと良い。絵は単純で全部前置詞で始まる短い英文。1分もたたないうちに読める。読み・文法を学ばせるためによく考えられて作られた絵本。親や教師がうまく使いこなすと良い。

おすすめ度★★★☆☆

All Through the Week with Cat and Dog
●¥1,500（参考）／Creative Teaching Press

英語教育の「読む力」を育てるシリーズの一冊。この出版社はこのタイプの絵本をかなり多く出版している。曜日、食べ物、動物、色、大きさ、量などが教えることができる学習用の絵本。しかしながら教科書ではなく「絵本」なので子供は楽しんでこの本を読んでいる。ネイティブの発音テープもある。

おすすめ度★★★☆☆

Don't Forget the Bacon!
●¥850（参考）／Picture Puffins

お使いを頼まれた少年が買い物に行く。繰り返し言葉の途中で単語の音が変化していく。そして結局ベーコンを買い忘れてしまうという話。この絵本は似たような音・リズムの言葉の変化を楽しむことができる。話は単純である。英語の物の数え方などを絵本で教えることができるので便利な絵本である。

おすすめ度★★★☆☆

Who Is Tapping At My Window?
●¥700（参考）／Picture Puffins

窓をたたく人は誰？という話。いろんな猫、牛、あひるなど14匹の動物が出てくる。各ページ一文英語で平易。リズムをとりやすい英文である。絵も大きく色もはっきりしていて良い。私もレッスンで使用している一冊である。

おすすめ度★★★★★

Roll Over! —A Counting Song—

●¥850（参考）／Clarion Books

特に幼児向きの一冊。10～1まで順にベッドから動物が落ちていく。そして最後は人間の男の子が一人だけ残る。英語文は全て歌になっていて、繰り返しの文である。楽しく数字を覚えることができる。単純な色使いの絵本。

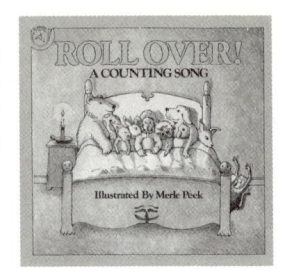

おすすめ度★★★★★

Mrs. Wishy-Washy シリーズ

●¥850（参考）／Wright Group　McGraw-Hill

掃除が大好きなおばさんの話。英語文は1ページに1行～3行位まで平易。「読む」ことを楽しむためのシリーズ。文字も大きく子供には読みやすいだろう。物語の内容はあまり面白くないが、英語の読みのスキルアップのために利用すると良いだろう。幼児～中学年向き。

おすすめ度★★★☆☆

CD・カセット英語絵本（単品物）

Five Little Monkeys Jumping On The Bed
●¥1,640（参考）／Scholastic
これは楽しい物語。子供たちに大人気。5匹のサルがベッドから順に落ち頭をぶつけるという単純な話である。チャンツになっていて読みやすい絵本。

おすすめ度★★★★★

The Little House
●¥1,640（参考）／Houghton Mifflin
名作本。欧米では賞も取っている。いい話である。一軒の小さな家が田舎にあり、だんだん環境が変化していく。家の周りにはビルが立ち並ぶようになると周囲の環境も悪くなり小さな家は落書きだらけの汚い家になってしまうが、最後には親切な人々の手によって環境の良い田舎に移動しそこで幸せな一軒家になるという話。英語の文章は中学生レベルだが、ぜひ子供に読んであげたい内容である。

おすすめ度★★★☆☆

Each Peach Pear Plum
●¥1,390（参考）／Picture Puffins
文字が少なくて絵がかわいい。英文にはリズムがあり読みやすい。この絵本は絵の中に隠された絵を探すという楽しみがあるので、子供の興味を絵本の中に向けやすい。絵自身もとても細かいので、いろんな英語の言葉を覚えていけるだろう。

おすすめ度★★★★★

第5部　子供のための英語教材

Peanut Butter and Jelly
●¥1,400（参考）／Picture Puffins
小麦粉からパンを練って焼いてピーナツバターを作ってジェリーを作って最後に食べるという話。英文が歌になっており、リズムもうまく展開している。この絵本は歌を聞くと良いが、人によっては少しうるさいと感じるかもしれない。

おすすめ度★★★★☆

Winnie the Witch
●¥2,370（参考）／Oxford University Press
この絵本は内容が面白い。英語のレベルはやや高いが、絵が細かく理解しやすい。私がこの物語を子供たちに読んであげると最後のページで「うわぁ！」と必ず声があがる。一回目は意味が分かるようゆっくり読み進んで、2回目以降はネイティブ発音のテープを聞かせてあげると良いだろう。効果音も入っていて楽しい絵本である。

おすすめ度★★★★★

CD・カセット英語絵本（シリーズ物）

Read it yourself シリーズ
●各¥980（参考）／Ladybird
レベル1～レベル4まであるシリーズ。レベル1の英語絵本はどれもおすすめできる。ハードカバーの絵本なので保存に便利だろう。カセットテープには効果音もあり、楽しんで英語を聞くことができる。

おすすめ度★★★★★

Dr. Seuss シリーズ
●各¥1,520（参考）／Random House
フォニックスやライム中心の絵本。物語はナンセンスなお話で登場キャラクターも不思議な生き物となっている。内容を楽しむというよりはフォニックスのリズムやライムを楽しむという目的で読むと良い。

おすすめ度★★☆☆☆

Eric Carle シリーズ
●¥920～（参考）／Scholastic
「はらぺこあおむし（The Very Hungry Caterpillar）」に代表される彼の作品は英語に限らず大人気の絵本である。彼は自分の絵本は英語教育用に使ってほしくないと言っているが、彼の作品の多くは日本では英語を教える際の代表的な絵本である。Brown Bear, Today Is Monday などは最高の絵本だ。

おすすめ度★★★★★

Addison-Wesley〈レベルA〉シリーズ
●¥530～（参考）／Addison-Wesley
Addison-WesleyのレベルAシリーズは子供たちになじみやすい物語ばかり。The Farmer and The Beet, The Gingerbread Man, The Three Little Pigs, Goldilocks and The Three Bears はどれも効果音が入った美しい発音の英語で楽しく聞くことができる。

おすすめ度★★★★★

Addison-Wesley 〈A Multicultural Sing-Along Big Book〉シリーズ
●¥3,000〜(参考)／Addison-Wesley
英語教育用にオリジナルストーリーで展開するシリーズ。全文歌でも歌えるように工夫してある。このシリーズには、It's pink, I think, I like you, I love my family, Here it's winter, がある。歌自身は単調なものなのだが、子供はメロディをすぐ覚えて歌いはじめる点が良いと思う。

おすすめ度★★★☆☆

CTP Learn to Read シリーズ
●¥4,000〜(参考)／Creative Teaching Press
「子供に読ませる！」ということを念頭に置いた絵本がそろっている。1冊ずつは薄くて小さい絵本である。6冊を1セットとしてカセットテープが1本付く。このシリーズは総合的に学習もするように組んであり、内容は社会、理科などにも及んでいる。また、ただ楽しむためのシリーズもある。私は主に楽しむシリーズを使用しているが子供たちに人気があるようだ。

おすすめ度★★★★☆

Curious George シリーズ
●各¥1,640(参考)／Houghton Mifflin
ご存知、おさるのジョージ。英語はかなり上級レベル。ナチュラルスピードの英語に慣れるのなら良いシリーズである。

おすすめ度★★★☆☆

Apricot Picture Book シリーズ
●各¥1,290／アプリコット
日本人が作成した英語絵本。作者の中本幹子氏は現役の児童英語教師。子供たちに教える英語の目標を細かく絞った作りが良い。例えば、色、体の部分など。子供たちだけでなく、先生にとっても非常に使いやすく面白くできている。

おすすめ度★★★★★

Oxford Reading Tree シリーズ
●各¥2,000〜／Oxford University Press
読ませる、文化的学習、書かせる、などを非常に工夫して、レベルを順にアップさせていくシリーズ。平易な絵本から難しいレベルまであるので、選択して使うと良い。

おすすめ度★★★★★

英語歌CD・マザーグースCDについて

　聞かせっぱなしでも良いのが音楽CDの良いところです。一方、ビデオをつけっぱなし状態で英会話を聞いておいても何の意味もありません。電気の無駄というべきでしょう。英語歌CDやマザーグースには英語のリズムがあります。このリズム習得こそが幼児から英語を学ぶ最大のメリットです。それゆえに英語歌を聞いてその歌詞をリズムにのせて一緒に歌うことが英語習得の第一歩となります。皆さんも幼い頃見たアニメの主題歌を今でも覚えていませんか？　それと同じように何度も聞いているうちにリズムと一緒に英語がインプットされていくのです。もちろん意味の分かるような絵本、歌のビデオがあると便利ですね。

　マザーグースは日本の子守歌と同様に欧米でも近年すたれつつあるようですが、日本においては子供の英語学習には欠かせないものとなっています。生活のあちらこちらでマザーグースを引用した看板を目にしたり、映画やドラマのセリフなどに多く引用されています。

　英語歌・マザーグースは子供だけでなく、大人も十分楽しめますので、歌詞を覚えて子供たちと一緒に歌うと良いでしょう。

うたおう！マザーグース（上・下）
●各￥1,800／アルク

（上）（下）にはそれぞれ全29曲（約65分）収録されている。本には歌詞、メロディ、歌に関する説明が書かれており、遊び歌にはダンスの仕方などを載せてある。家庭でも教室でも楽しめるよう作成されている。マザーグースのライムは少し難しいものもあるので全部が幼児、小学生向きとは限らない。

おすすめ度★★★★☆

歌とチャンツ ―MPIベストセレクション―
●￥2,000／松香フォニックス研究所

子供が口ずさみやすいようにアレンジしてある。また、オリジナル曲もあるので全36曲は十分楽しめる。

おすすめ度★★★★★

Let's Sing Together
●￥2,000／アプリコット

全29曲（91分）のCD。内容もアクションしやすい曲が多くなじみやすい。カラオケも全曲あるので便利。

おすすめ度★★★★★

クリスマスの歌（CD2枚・歌詞絵本2冊）ベストコレクション
●￥3,000／いずみ書房

このCDは素敵なクリスマスソングが37曲収録されている。しかし、クリスマスの歌で子供用となると選択が難しい。BGMとして聞きたい曲も多い。

おすすめ度★★★☆☆

はじめてのマザーグース Mother Goose Box
●¥28,000／いずみ書房

セットで購入するマザーグースとして良い。絵本16冊、ビデオ4本、カセット1本、ぬいぐるみ、指人形がついてくる。発達4段階に分けてあり、それぞれの年齢にあわせた曲を選んである。

おすすめ度★★★☆☆

Wee Sing シリーズ
●¥1,380～（参考）／Price Stern Sloan

多岐にわたるシリーズはどれもネイティブの子供たちが楽しむ歌ばかりである。日本の子供たちが歌うとなるとかなり練習しなければならないが、非常に内容も濃いシリーズである。

おすすめ度★★★★☆

マザーグースコレクション
●¥3,000／いずみ書房

絵本3冊、CD1枚（84曲67分）。英国レディバード社のハードカバー絵本は丈夫で使いやすい。

おすすめ度★★★★☆

子供英語学習用CD-ROMについて

子供の英語学習用CD-ROMを利用するメリットはいくつかあります。

- ●自分自身のスピードで学習が進められる点。つまり、自分がクリックすれば即座に反応してくれるのがコンピューターソフトを利用するメリット。このような特長を活かし、文字と音を理解する時に便利です。また、いつでもきれいな正しいネイティブの発音をゲームなどの活動を通して聞くことができます。
- ●英語学習の動機付けに良い手段です。子供というのは楽しくなければ取り組みません。英語学習ソフトはその点をうまくゲームにのせて子供の好奇心をくすぐることができます。
- ●自分の音声を即録音し、矯正することが可能です。自分の声を録音する楽しみがあります。私の体験ですが、英語教室の子供たちにアルクのスクールバスを体験させました。すると子供たちに人気があったのは、アルファベットをマッチングさせるゲームと音声録音をする機能がついたゲームでした。

ゲーム主流の英語学習用ソフトには必ず「飽き」が来ます。普通のコンピューターゲームと同じように子供の世界には「飽き」が来るので、ソフトを利用する場合は次から次へと子供たちの発達段階によって新しいものを与え続けなければなりません。安いものなら良いのですが、高価なものもありますので次から次へといくことは難しいかもしれません。そんな時は、購入するCD-ROMソフトではなく、インターネット上の月額契約の子供用サイトの利用が良いでしょう。飽きたらすぐ違うサイトへジャンプできます。しかしながら、月額契約といっても長期に渡るとそれなりの出費になります。

この点どちらが良いとは言い切れませんが、子供たちのレベルに合わせて選択すると良いと思います。小学校でもソフトで遊びながらいつでも英語に接することができる環境があればうれしいですね。

　CD-ROMでまずきっかけを作りたい人はアルクのスクールバスをオススメします。このスクールバスはゲーム性が高いのですが、初めて英語に接する子供たちには「楽しく英語で遊ぶ」ことができます。しかしながら、「英語遊び」で終わってしまうので、このシリーズを利用する時には子供たちの姿をよく観察して、英語学習への動機作りが必要だと思われるのであれば利用をするとよいでしょう。幼児〜小学校3年生位までの子供たち向きのソフトです。小学校4年生位からはベネッセのBE-GOがオススメです。こちらは本格的な発音矯正ができます。ゲーム性のある場面を正しく発音していかなければ次へかなかいけません。私もやってみましたが、ネイティブの発音レベルにいくことはなかなか難しく、「子供だったら聞いた発音をそのまま言ってクリアするのだろうな。」とうらやましくなりました。情けないことに私はhamburgerの発音を500回以上繰り返しました。でもようやくレベルをクリアした時には満足感がありました。子供向けの発音矯正ソフトはあまり見かけません。このBE-GOはjunior 2, junior 3, 4とまだまだ制作していくそうですので先が楽しみなソフトです。

　さて、外国のCD-ROMについてですが、どのCD-ROMもよく出来ていますので、利用するかしないかは自由です。外国の文化あふれる絵やネイティブの子供たちと同じことをしてみたいと思う方向きです。ここにご紹介したのは全部かなり質の良いものです。

Beginning Reading シリーズ
●各￥2,800（参考）／School Zone

英語学習をある程度進んでいる子供が「読む力」を特に伸ばしたいと思っている場合に最適なCD-ROMである。米国で賞もとっている。内容も良い。自分で物語を作成できる楽しみもある。英語文は音声とともに理解することができるのがCD-ROM教材の良いところ。子供の年齢にあわせて選択しよう。

おすすめ度★★★★☆

Spelling 1st and 2nd Grade
●￥4,200（参考）／School Zone

米国では低学年向きのスペリング練習ソフト。米国の小学校教師オススメのソフト。日本では、3・4年生に利用しても十分良い。楽しくつづりを覚えられるよう工夫して作られている。

おすすめ度★★★★☆

スクールバス シリーズ　＊通信教育
●￥36,000〜（分割あり）／アルク

「英語学習」へのキッカケ作りに最適。子供がゲームをしながら「英語って面白い」「英語だけどやり方わかるよ。」という言葉を引き出すことができるだろう。シリーズはABCの3つ。オススメなのはC。Cコースには自分で音声を入力できるシステムがあり、子供自身が楽しみながら英語を発話する。ネイティブの音に合わせようと努力する子供の姿を見られることは間違いない。幼児〜中学年向き。

おすすめ度★★★★☆

Reader Rabbit シリーズ
●¥3,500~（参考）／The Learning Company
Reader Rabbit 1st Grade, 2nd Grade, Kindergarten, Preschoolなどのシリーズがある。文字通り「読めるようになること」を前提としているので順に内容を濃くしている。

おすすめ度★★★★☆

Living Books シリーズ
●¥1,200~（参考）／The Learning Company
「おばあちゃんとぼくと」でおなじみのシリーズ。絵本を楽しみながらたくさんの英語を聞くことができる。ページに仕掛けしてあり、クリックすると何が出るかお楽しみなので子供の好奇心をくすぐる。英語学習へのきっかけづくり向き。

おすすめ度★★★☆☆

Curious George Learns Phonics
●¥2,800（参考）／Houghton Mifflin
おさるのジョージという可愛いキャラクターと一緒に英語の音を学んでいく。フォニックス中心に展開し、最終的に一人で単語の読みを推測したり、読めるようになることを目的としている。おさるキャラクターは子供たちにもなじみやすい。

おすすめ度★★★★☆

BE-GO junior 1 ＊通信教育
●¥29,400（分割あり）／ベネッセ
小学生が英語の発音を楽しんで矯正できるように、ゲーム感覚でソフトを楽しめるよう制作されている。このBE-GO junior 1 には GO1~GO6 まである。くどいくらい正確にネイティブに近い発音をしないと場面クリアできないので子供たちは必死で楽しく何度も繰り返してチャレンジするだろう。英語学習の導入などが多いCD-ROM教材の中でも英語の発話、矯正、ネイティブとの生会話もできるソフト、インターネット利用の会話訓練教材は珍しい。中学年以上向き。

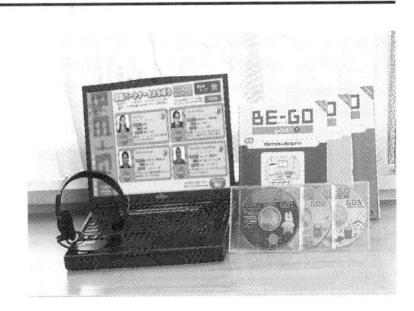

おすすめ度★★★★★

My First Amazing World Explorer
●¥2,100（参考）／Dorling Kindersley

内容はかなり面白い。しかし、英語のレベルは高い。このソフトは英語のスキルアップを特にねらっているわけではないが、社会、地理、自然科学、問題解決能力など多岐にわたる学習を楽しくできるようにしてある。「世界大冒険」の設定でパスポートを持ち、絵はがきも書き、ごほうびシールももらう。細かい隠しキャラなどもあり、とても楽しくゲーム展開できる。日本では中学年～高学年向きソフト。

おすすめ度★★★★☆

My First Reading Adventure I Want to Read
●¥1,400（参考）／Dorling Kindersley

単語をフォニックスから読んでいくというソフト。だんだん読めるようになりソフトの中の絵本を楽しむことができる。モンスターが文字を食べていくという話も面白い。私の英語教室の子供たちが喜んでしばらくは夢中になってやっていたが、単純なゲームが多いのですぐに飽きがきてしまった。単純な作業の好きな低学年向きのソフト。

おすすめ度★★★☆☆

Bananas In Pajamas
●¥2,100（参考）／Dorling Kindersley

オーストラリアの双子のバナナのキャラクターは子供たちの心をグッと掴むだろう。とても可愛いキャラクターだ。ゆっくりした動き、英語はナチュラルスピード。英語学習ではなく、楽しむためのものである。テレタビーズのようにすごく展開がゆっくりしている。赤ちゃん～幼児向き。

おすすめ度★★☆☆☆

しゃべっちゃ英語
●各¥11,200／Learning Ware

家・街・旅の3種類ある。英語を楽しみながら遊びながら考えながら進めていくうちにあっという間に様々なパターンの英語文を聞くことができる。小学校高学年向き。インプット～アウトプット、発音矯正までしてくれるとても便利なソフトである。大人の私でも十分楽しむことができる。他のソフトと比較しても内容量が多い。英語レベルは高いので高学年以上向き。

おすすめ度★★★☆☆

カードについて

　アルファベットカードは必需品なので一セットはそろえておく方がいいでしょう。いつも子供たちの目に付くところに掲示しておくと一段といいですね。視覚からアルファベットを理解し、インプットしていきます。文字はまず最初の段階は「見ること」です。これを読ませようと思わず、見て形を目に焼き付けるということからスタートしましょう。いわゆるサイトリーディングという方法です。アルファベットの形や単語の形からインプットが始まります。そして次の段階で短い単語から本格的に読みに入ります。

　ゲームカード・フォニックスカードは本当に様々な種類があります。比較的良いものを集めて評価しました。今後もどんどん新しいカード類が増えていくことが予想されます。カードは子供たちが手に触れることができる大変良い教材です。値段も手ごろなので、ぜひそろえておかれることをおすすめします。

アルファベットカード

Alphabet Puzzle Cards
●￥1,220（参考）／Learning Resources
かなり厚い紙でできているパズルカードなので破れにくく、子供が手に持ちやすい。アルファベットをパズルで完成する楽しみがあって良い。

おすすめ度★★★★☆

Alphabet Match Me Cards
●￥950（参考）／Trend
米国で賞もとっているカード。写真カードという点も良い。1カードに1アルファベット（裏写真）なのでとても使い易い。文字も大きくて良い。

おすすめ度★★★★★

Alphabet Pocket Flash Cards
●¥710（参考）／Trend
フォニックス「A, a, apple. B, b, ball.」と教える時に便利。裏には単語のスペルが書いてある。写真がきれい。

おすすめ度★★★★☆

Alphabet
●¥600（参考）／School Zone
表に絵のみ、裏に1文字のみ。使い分けできるカード。はっきりした色の絵が良い。

おすすめ度★★☆☆☆

Alphabet
●¥670（参考）／Step Ahead
絵が大きく文字が小さい。フォニックスを教える時に便利だが、紙が薄く折れやすい。

おすすめ度★☆☆☆☆

英語ビッグカード（Alphabet Flash Card）
●¥2,913／むさし書房
四線上にアルファベットが書いてあるのでフラッシュするよりも掲示する方が良いだろう。

おすすめ度★★☆☆☆

ABC Flash Card
●¥2,540／Pacific English Club
文字だけのカード。大きい。厚紙で良質。表面加工がしてあるのでとても使い易いが、他社比較すると高価。

おすすめ度★★★☆☆

ゲームカード・フォニックスカード

Opposites Match Me
●¥950（参考）／Trend
52ペアの反対語セットカード。全部写真絵。カードの裏には文字が書かれている。手に持つ大きさ、紙質は良い。少し写真に古さを感じる程度。

おすすめ度★★★★☆

Old Maid
●¥600（参考）／School Zone
55枚のカード。1～9までの絵合わせカードである。数字と英字を絵によってマッチさせるという単純なカード。数字につき3枚のカードがあるので工夫しだいで多様なゲームに使用できる。カード一枚は大きい。

おすすめ度★★★☆☆

Three Word Rhymes
●¥600（参考）／School Zone
フォニックスを学びはじめてライムを教える時に便利なカード。3つの絵をライムでつなぐと一つの絵が完成する。54枚のカードでカラー、白黒の32種類のライムができる。紙質は普通。

おすすめ度★★★★★

Go Fish
●¥600（参考）／School Zone
大文字・小文字のセット。それぞれ親子の動物セットになっていて分かりやすい。動物の名前の単語も大文字と小文字で書かれている。

おすすめ度★★★★☆

Crazy Eights
●¥600（参考）／School Zone
UNOゲームに良く似たゲーム方式で、同じ色、カテゴリ順にカードを積み上げていくゲーム。単純なゲームだが、単語量は増えること間違いなし。

おすすめ度★★★☆☆

Numbers, Colors & Shapes
●¥600（参考）／School Zone
3枚のカードで一枚の絵ができる。例えば、Three black cats, Two red dogs など。複数形や語順を覚える時に便利。全108単語できる。

おすすめ度★★★☆☆

Three-Letter Words
●¥600（参考）／School Zone
フォニックスを覚えた頃に単語へのつなぎとして用いると良い。3つアルファベットをつなげて一つの絵が完成する。

おすすめ度★★★★☆

マッチングカード
●¥600／ぼーぐなん
30ペア60枚入っている。スパゲッティとフォーク、手と手袋、というようなペアカード。使いやすく英語学習用によく考えられて作られているカードである。紙質は薄くて折れやすい。

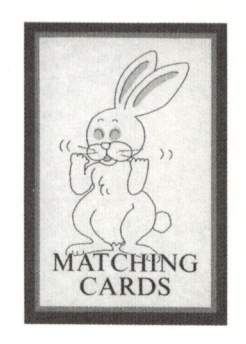

おすすめ度★★★★★

カウンティングカード
●¥600／ぼーぐなん
1〜15の絵カード・文字カード30枚。トランプサイズで使い易い。15までしかないのが残念。紙質は薄くて折れやすい。

おすすめ度★★★☆☆

ファミリーカード
●¥3,870／Pacific English Club
家族・親戚の名前を教える時に非常に便利。カラー絵カードでターゲット単語を色わけしてある。2セットあるのでゲームにも利用し易い。

おすすめ度★★★☆☆

Three Letter Reading Card
●¥4,730／Pacific English Club
フォニックスを学び始めたら、この3文字カードがおすすめ。裏には絵が描いてある。100枚程ある。私も使っているがとても便利なカードである。子供たちが夢中になって読もうとしていたカードだ。大きさ、紙質も良い。

おすすめ度★★★★★

アメリカ・カナダのお母さん推薦の英語絵本など

　アメリカ・カナダの小学校の教師、図書館員、お母さん方に尋ねて選択した教材です。ここでは特に、英語絵本、CD付英語絵本、英語歌CD・カセットを紹介します。絵本については、面白いことに作家名を挙げて推薦してくれました。「この作家は子供向きの絵本を書いていますよ。」という風に。これら人気のある作家の作品は図書館や小学校の教室にもたくさん置いてありました。下記にリストを出しておきます。

Rosemary Wells	Janell Cannon
Doreen Cronin	Arnold Lobel
Maurice Sendak	Bill Martin Jr.
Nancy Shaw	Cynthia Rylant
Eric Carle	Ted Harrison

　児童英語に関わってもう20年近くになりますが、まだまだ私の知らない英語絵本がたくさんあることにとてもうれしくなりました。アメリカの書店には子供用コーナーが設置してあり、そこには子供の絵本が山ほどあります。また小学校の図書館や市立図書館を訪問すると時間を忘れてしまうほど夢中になってしまいます。「この本、レッスンで使えそう。」などと考えると心がわくわくして、一冊一冊がとても貴重な英語教材になります。

　日本の書店に出かけてもなかなか子供向きの英語絵本が分からない時は、ぜひこのリストから一冊選択してぜひ家庭で楽しんでくださいね。こちらで紹介したものは日本では手に入らないものも多くありますのでインターネット書店のアマゾンなどを利用して購入されると良いでしょう。

英語絵本 & CD付英語絵本

ANIMALIA
●US$7.99／Picture Puffins　作：Graeme Base
アメリカの小学校の教室に必ず数冊置いてある本。絵、色とも美しく、アルファベットに動物を韻をふんだ言葉で紹介してある。これは芸術性も高い一冊。1ページにターゲットとなるアルファベット、色の統一がしてある。目で見ても十分楽しめる。絵本の力は子供の感性を養うという利点があるので、この本は特におすすめしたい。

おすすめ度★★★★★

Yoko
●US$14.95／Hyperion Books For Children　作：Rosemary Wells
文化的内容が濃い作品。Rosemary Wellsの作品は人気である。この絵本は猫のYokoが主人公。日本の文化を持つ猫のYokoが学校でぶつかった文化の壁をお母さんの作るランチを通して乗り越えていく。英語文は多少難しいが絵だけでも意味が十分わかる。

おすすめ度★★★☆☆

Timothy Goes To School
●US$13.85／Bt Bound　作：Rosemary Wells
学校が好きなアライグマのTimothyなのだが、同じアライグマのClaudeには全てにおいて負けている。それが面白くない。うさぎのVioletも同じ悩みをもっていた。Timothyはそれを知り、二人は仲よく友達となったという話。1ページに3行ほどの英文で平易。絵も可愛い。Rosemary Wellsは幼児向き絵本の人気作家である。

おすすめ度★★★★☆

Crickwing
●US$16.00／Harcourt, Inc.　作：Janell Cannon
Janell Cannonの作品は非常に芸術性の高い絵本である。この絵本はコオロギ、アリなどの昆虫を中心にした話で、絵が素晴らしい。また、登場した昆虫についての知識を巻末に載せている。英語文は高度だが、話の内容も濃い作品。

おすすめ度★★★☆☆

Click, Clack, Moo Cows That Type
●US$15.95／Simon & Schuster　作：Doreen Cronin
話がとても愉快。タイトル通り牛が主人公なのだが、この牛たちにはタイプを打てる優れた能力がある。英語文も平易で読み易い。米国では賞も取っている英語絵本である。

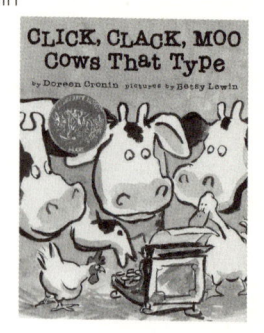

おすすめ度★★★★★

Frog and Toad Are Friends
●US$15.99／Harper Trophy　作：Arnold Lobel
この絵本シリーズは「読めるようになるための絵本」のI Can Read Bookシリーズ。簡単な英語で、「読み」を大切にしながらも物語は楽しく教育的である。米国では賞も取っている。

おすすめ度★★★★★

Where the Wild Things Are
●US$16.95／Harper Trophy　作：Maurice Sendak
日本でも人気のある絵本。「かいじゅうたちのいるところ」という題名で訳されている。作家のMaurice Sendakの作品は人気がある。英文も平易で絵も独特である。

おすすめ度★★★★★

Chicka Chicka Boom Boom
●US$6.99／Aladdin Paperbacks　作：Bill Martin Jr./John Archambault

アルファベットがココナツの木に上っていくという物語。英語も平易。絵も単純で色使いも楽しい。小文字を目で見て楽しむことができる。名作絵本の一つである。

おすすめ度★★★★★

Barn Dance!
● US$16.95／Henry Holt and Company　作：Bill Martin Jr./John Archambault

完璧に美しく韻を踏んだ英語詩で物語が進む。芸術性の高い絵も魅力的である。英文はやや難しいが声に出して読むと美しい英語の音を楽しむことができる。

おすすめ度★★★☆☆

Sheep Out to Eat
●US$14.00／Houghton Mifflin Books　作：Nancy Shaw

各ページ一文の英語だけでこれだけ物語が展開できるのは作家の腕だろう。羊たちがレストランで食事する物語で面白い。絵も優しく、幼児向きの一冊。私もレッスンで使いたい一冊である。

おすすめ度★★★★★

The Relatives Came
●US$16.95／Simon & Schuster　作：Cynthia Rylant

名作絵本。米国では賞も取っている。英文は長いが平易で読み易い。物語は単純だが、絵が躍動的で美しい。この絵本は「人」が中心の物語で内容も静かな感動がある。

おすすめ度★★★★☆

Watch Out! A Giant!
●US$14.95／Simon & Schuster　作：Eric Carle
Eric Carleの魅力あふれる一冊。大きめの仕掛け絵本。物語は二人の兄弟がジャイアントに食べられてしまうかもしれないというものだが、最後はほのぼのとした内容で終わる。Eric Carleの絵本キャラクターもいたるところで見ることができる。英語も平易なのでオススメ。

おすすめ度★★★★★

Sometimes I Like to Curl up in a Ball
●US$12.95／Sterling Publishing Co., Inc.　作：Vicki Churchill/Charles Fuge
動物のウォンバットを主人公にした物語。とても可愛い絵。丸くなるのが好きなウォンバットが体を使って表現するのが大好き。繰り返しの多い英語文は平易でわかりやすい。幼児・低学年にオススメの一冊。

おすすめ度★★★★☆

In the Night Kitchen
●US$16.95／Harper Trophy　作：Maurice Sendak
少年が夜のキッチンでパン生地に練りこまれ冒険していく話。物語は面白いが英語の文章は全て大文字で読みにくい。しかしながら絵だけでも意味は理解できる。物語は面白いので絵を楽しみながらアルファベットを見る感覚で読むとよい。

おすすめ度★★☆☆☆

The Magic Hat
●US$16.00／Harcourt, Inc.　作：Mem Fox/Tricia Tusa
大きめの絵本。どこからともなく飛んできた帽子をかぶった村人たちがとんでもない動物に変身してまうという展開の物語。巨大な魔法使いに元に戻してもらうが、その魔法使いは一人の少年が変身した姿だった。英語文は平易。この絵本はイラストに魅力がある。私がレッスンに使用している英語絵本の一冊である。

おすすめ度★★★★☆

Goodnight Moon
●US$14.95／Harper Collins Publishers　作：Margaret Wise Brown
名作絵本。韻を踏んだ英語文は読み易い。英文も平易。言葉のかくれんぼを楽しむ絵本。絵の中にある言葉、例えば、mouse, house, brush, combなど文に出てきた絵を探すことができる。話の内容もかわいい。

おすすめ度★★★★★

Character Educationシリーズ〈CD付き〉
●各US$18.00／Creative Teaching Press　作：Regina G. Burch
全12冊のシリーズ。「聞かせる・読ませる」ことを目標とするのなら良い絵本。こちらのシリーズは言語教育はもちろん「教育」をメインとしたもの。名作絵本の類ではない。しかしながら、短い英文で16ページだけなので何冊読めるかというような達成感を子供が味わうことが出来る。英語教室向きだが、家庭でも十分楽しんで使える。

おすすめ度★★★★★

Raffi Songs to Read シリーズ〈CD付き〉
●各US$6.99／Crown Publishers　作：Raffi
お母さんが赤ちゃん、幼児に歌って聞かせてあげることができる英語絵本。Baby Beluga（白イルカの赤ちゃん）のCDには13冊分の歌が収められている。Raffiは子供用の歌を作る専門家。絵本の文章すべてを歌詞として歌うことができる。

おすすめ度★★★★★

a northern alphabet
●US$7.95／Tundra Books　作：Ted Harrison
Ted Harrisonはカナダの有名な作家。アルファベットのAから物語がカナダの風景・文化とともに進んでいく。芸術性の高い絵はとても魅力的である。また彼はこの本はパズルブックでもあり、ゲームブックでもあると言っている。アルファベットに関係ある隠し絵を探す楽しみもある。うまくカナダという舞台を表現した一冊。

おすすめ度★★★★★

ABC of Canada
●US$14.95／Kids Can Press　作：Kim Bellefontaine

アルファベットでカナダを紹介していくという内容。例えば、B b is for Beaver, busy building a dam.という具合に。短文の中に韻を含んだ文をカナダの紹介にしていっている。見事な作りの一冊。絵も可愛い。

おすすめ度★★★★★

STEP into Reading シリーズ
●各US$3.99／Random House

主に「自分で読む」力を育てるための絵本シリーズ。Early Step, Step 1, 2, 3, 4 とレベル分けしてある。子供のレベルにあわせてシリーズの中から絵本を選択すると良い。それぞれの物語も上手く作ってある。米国教師オススメのシリーズ。

おすすめ度★★★★★

Bob Books シリーズ
●各US$16.95／Scholastic　作：Bobby Lynn Maslen

「自分で読む」力を育てる絵本シリーズ。例えば Bob Books Firstは小さな12冊の絵本が一つの箱に入っている。自分で読める楽しさを知るように英文が工夫されている。色塗りができるようシンプルな白黒の絵本シリーズである。このシリーズはレベルA～レベルCまで。8セットある。米国教師オススメのシリーズ。

おすすめ度★★★★☆

子供のための英語

英語歌CD・カセット

Wee Sing In the Car
●US$9.99／Price Stern Sloan
タイトル通り「ドライブしながら口ずさむ歌」ばかり。メジャーリーグでは必ず歌う"Take Me Out to the Ball Game"が入っている。

おすすめ度★★★★★

Wee Sing Children's Songs and Fingerplays
●US$8.99／Price Stern Sloan
子供と一緒に聞く歌として、よく知っている曲が入っている。音楽と一緒に指遊びができるものを選んであるのでとても良い。

おすすめ度★★★★★

Greg & Steve: We all live together: Volume 1-5
●各US$13.99／CTP/Youngheart
軽快なリズムの子供用音楽CD。歌詞は子供が体を動かしやすいように工夫がされている。このシリーズは5枚まである。オリジナル曲も多く入っている。曲を選べば子供が歌うことも可能だろう。

おすすめ度★★★☆☆

Greg & Steve: Fun and Games
●US$13.98／CTP/Youngheart
全曲、体を動かしながら学習していこうというもの。歌を使って英語を教えるにはピッタリのCD。作曲者の二人の個性あふれる曲ばかり。

おすすめ度★★★★★

第5部 子供のための英語教材

Silly Willy Moves Through The ABC's
●US$15.95／Educational Activities, Inc.
アルファベット26文字一つ一つに曲をつけてアレンジしてあるCD。アルファベットの音や、動物、色、数、動詞、文章などを一曲の中で学習できるようにしてある。全部で39曲。なかなかユニークな作りのCDで楽しめるのでオススメ。

おすすめ度★★★★★

All-Time Childrens' Favorites
●US$15.00／The Learning Station
"If you're happy and you know it." など、なじみのある曲が全部で11曲。子供も一緒に歌えるメロディが多い。

おすすめ度★★★★☆

Teaching Peace
●US$14.99／Smilin' Atcha Music
米国でParent's Choice Classicという賞をとっているCD。歌詞の内容は教育的なのだが、子供が口ずさむ曲とは言いがたい。

おすすめ度★★★☆☆

Best Toddler Tunes
●US$9.99／Kidzup Productions, Inc.
米国でParent's Choice Recommendedという賞をとっているCD。名前の通り、幼児向きなのだが、小学生も十分楽しむことのできるCD。英語圏の子供たちが幼い頃から聞いて育つ曲が選択してある。

おすすめ度★★★★★

140　子供のための英語

子供英語教材ショップリスト

日本にある会社

三善KIDS MART
http://www.miyoshiweb.co.jp/kidsmart/
〒167-0032　東京都杉並区天沼2‐2‐19
電話：03-3398-9163

いずみ書房
http://www.izumishobo.co.jp
〒181-8648　東京都三鷹市井の頭5‐8‐30
電話：0422-48-3601

ネリーズグループ
http://www.nellies.jp
〒111-0052　東京都台東区柳橋1‐26‐6　サンブリッジビル1F／2F
電話：03-3865-6210

リトルアメリカ
http://littleamerica.co.jp
〒810-0033　福岡市中央区小笹3‐6‐21
電話：092-521-8826

ジャスト・フォー・キッズ
http://www.e-kodomo.net
〒651-2273　神戸市西区糀台2‐26‐2‐1201
電話：078-991-8843

シィーティーエム
http://www.a-mall.co.jp/ctm/
〒157-0063　東京都世田谷区粕谷4‐5‐5
電話：03-3300-7135

ラボ教育センター
http://www.labo-global.co.jp
〒160-0023　東京都新宿区西新宿 8 - 4 - 5
電話：03-3367-2422

松香フォニックス研究所
http://www.mpi-j.co.jp
〒194-0041　東京都町田市玉川学園 5 - 6 - 3
電話：042-728-0250

オックスフォード大学出版局
http://www.oupjapan.co.jp
〒105-8529　東京都港区虎ノ門 4 - 1 -40　江戸見坂森ビル 6 F
電話：03-3459-6481

丸善本店
http://www.maruzen.co.jp
〒103-0027　東京都中央区日本橋 2 - 3 -10
電話：03-3272-7211

児童英語研究所
http://www.palkids.co.jp
〒160-0022　東京都新宿区新宿 1 -18-10
カテリーナ柳通りビル 3 F
電話：03-3352-6125

紀伊国屋書店本店
http://www.kinokuniya.co.jp
〒163-8636　東京都新宿区新宿 3 -17- 7
電話：03-3354-0131

アマゾンジャパン
http://www.amazon.co.jp

スカイソフト
http://www.skysoft.co.jp
〒107-0062　東京都港区南青山3-13-18　313南青山ビル8F
電話：03-5775-1791

アルク
http://www.alc.co.jp
〒168-8611　東京都杉並区永福2-54-12
電話：03-3323-1101

アプリコット
http://www.apricot-plaza.co.jp
〒160-0023　東京都新宿区西新宿6-12-7
電話：03-5323-8850

ピアソン・ロングマン・ジャパン
http://www.longmanjapan.com/
〒160-0023　東京都新宿区西新宿8-14-24　西新宿KFビル101
電話：03-3365-9001

The Foreign Buyers' Club
http://www.fbcusa.com
〒658-0032　神戸市東灘区向洋町中5-15-3F
電話：078-857-9000

アメリカにある会社

Scholastic　　http://scholastic.com
Lakeshore　　http://www.lakeshorelearning.com
School Zone　　http://schoolzone.com
BARNES & NOBLE　　http://www.bn.com
Learning Express　　http://www.learningexpress.com
Zany Brainy　　http://www.zanybrainy.com

あとがき

　学校から帰ると
「まりこ〜、アメリカのパトリスから手紙届いてるよ〜。」と母の声。
「本当〜？！やっと来たぁ〜うれしい！」
　中学生だった私はアメリカからの手紙を待ち遠しく思っていました。**アメリカの友達との文通**、そう、これが私が英語の世界に飛び込んだキッカケです。思えば中学入学直前に友達から「中学になったら英語を習うんだよねー。」と言われ「英語？何それ？」と言う状態でした。アルファベットは中学校に入学して初めて習い、同時期に文通をスタートした私。アメリカから航空書簡で送られて来る手紙には英文が端から端までびっしりと書いてありました。「**どんなことが書いてあるか内容を知りたい！**」こんな気持ちになり、必死の思いで辞書を引き、学校の英語教師に手紙を読んでくれるよう頼み、返事を書くときは辞書の中の例文を写したりしました。まだ中学生ですから、ボキャブラリーも少ない、表現もわからない中で、自分の言いたいことを手紙に綴っていたように思います。でも英語の成績はいつも「3」。成績が良くなったのは高校生になってからでした。当時の事を思い起こしてみますと英語が好きというよりも、外国の人とのコミュニケーションの楽しさにどっぷり浸っていました。今では「ツールとしての英語」の楽しさを私自身が体験してきたことはとても有意義なことだと思っています。
　現在の私の仕事の一つに公立小学校での英語レッスンがあります。1年生から6年生の学年にどのように英語のコミュニケーショ

ンの楽しさを伝えようか毎日思考錯誤の連続です。確かに小学校という枠の中でできることには限度があります。それとは反対の見方をすると小学校でしかできないこともあるでしょう。「ツールとしての英語」でコミュニケーションの楽しさを教えたい！　これが今の私の夢です。

　さて、約１年間かけてこの本を書き終えることができました。この１年間に取材に訪れた会社、インタビューした人々、英語教材レビューはものすごい数になりました。それと同時に**「子供の英語教育」の環境が日々激変している事実**を目の当たりにし、驚きとともに嬉しく思っています。誰もがバイリンガルを目指せる時代が来たことはラッキーですね。その気さえあればどんな英語教材も手に入れることができます。また、英語環境も日本に居ながらにして作り出すことも可能ですし、親子留学も簡単にできるようになりました。とにかく！「子供の英語教育」の環境は以前とは比較できないくらい広く、深く、複雑になってきているのです。今後もますます複雑化することが予測されます。

　でも最終目標はたった１つです。

　「子供をバイリンガルにする！」

これです。これしかありません。いろんな教材、情報はこの目標のためのあくまでも道具にしか過ぎません。道具をうまく使いこなしてバイリンガルへの道筋を開いていくことが親や教師の仕事なのだと思います。**その過程において多くのメリットを与えながら子供の人間形成面を養っていくのだと思います。**このように考えると英語子育ては一言では言い表せない何かとても奥深いものがあります。

　さて、地道に英語子育てをした結果、子供たちが大人になり、とうとう念願のバイリンガルになったとします。子供たちは英語という便利なツールを使って「何か」をすることを望むようになるでし

あとがき

ょう。ある子供は外国へ行って仕事をしたいと思うかもしれません。またある子供は日本で英語を使う仕事につきたいと思うかもしれません。でもここでよく考えなければならないことがあります。いざ仕事となるとバイリンガルであることは意外にも重視されていないのです。英語をペラペラ話せるのが重要ではなく、仕事の面白さを感じることができれば、「満足」を得られるのです。

　私は以前バイリンガルの友人に「あなたはバイリンガルなんだよねー、すごいね。」と話したことがありました。その友人は幼少時代をアメリカで過ごし、大人になったとき英語と日本語を自由に操れる完璧なバイリンガルになりました。先の私の言葉に友人は、「いえいえとんでもない。確かに便利だけど、だから何ができるんだっていうことが一番大切なんですよ。」と話してくれました。友人は英語をツールとしてバリバリ仕事をこなしています。バイリンガルだから英語を使って「仕事ができる」という問題ではないのですね。仕事ができる、できないは個人の能力によるものであって、決してバイリンガルだから有能な人間であるとは限らないのです。

　今後の英語子育ては単純に英語習得を目指すだけではいけないでしょう。英語習得は副産物と考えるべきだと思います。「私は（僕は）これができる」という子供の個性を伸ばすことが一番大切なような気がします。またさらに、子育ての過程において子供の身近に「英語」だけに限らず「外国語」があるとないとでは子供自身の人格形成にも大きく違いが出ます。幼い頃に外国語に接することは本当に意味のあることだと思います。何か一つ子供が自信を持って出来ることを伸ばしながら、英語子育てをしていけば、将来きっと人間的にも幅広い有能なバイリンガルの大人になれるだろうと思います。

　最後になりましたが、私にこの本を書く企画を与えてくださった

金星堂の嶋田和成氏、締め切りに追われている私を支えてくれた家族、友人、情報をたくさん与えてくれた児童英語教育に関わる仲間たち、教材を提供し、快く掲載を許可してくださった各会社の皆さん、教育の面白さを教えてくれたアメリカの教師たち、そして何より私に子供の英語教育の楽しさを日々感じさせてくれるたくさんの子供たちに深く感謝いたします。**Thank you!**

2003年 4月15日

清水　万里子

著者プロフィール

清水万里子（しみず まりこ）

岐阜県出身。児童英語教師歴18年。米国小学校インターン研修後本格的に「子供の英語教育」の研究をスタート。理論と実践のバランスの取れた知識を駆使した豊富なレッスンアイデアには定評がある。現在の仕事として、小学校・保育園英語講師、㈱リクルートAll About Japan「子供のための英語」ガイド、コンサルタント、ライターとして活動、また岐阜大学大学院で情報メディアを利用する小学校英語教育カリキュラムを研究中。

- ●写真提供　　　　P.19 © Omni Photo/APL、P.54 毎日新聞社、P.72 © Yoshida Takashi/APL
- ●カバーデザイン　杉原瑞枝
- ●カバーイラスト　つじむらあゆこ
- ●本文イラスト　　鵜飼栄子（MS企画）

子供のための英語
ビギナーズガイド

2003年6月20日　初版発行

著　者　　清水万里子

発行者　　福岡靖雄

発行所　　株式会社　金星堂

（〒101-0051）東京都千代田区神田神保町 3-21
Tel. (03)3263-3828（営業部）
　　 (03)3263-3997（編集部）
Fax (03)3263-0716
http://www.kinsei-do.co.jp

© Mariko Shimizu, 2003

編集担当　嶋田和成

印刷所／加藤文明社　製本所／関山製本　3-00-00894

落丁・乱丁本はお取り替えいたします

ISBN4-7647-0894-9 C2082